KB016088

서울 밖에도 사람이 산다

산다 서울 사람이 밖에도
사람이 산다 서울 밖에도

밖에도 **서울** 사람이 산다

서울 밖에도 사람이 산다

산다 서울 사람이 밖에도

밖에도 산다 서울 사람이 **밖에도**

서울 산다 밖에도

사람이 산다 밖에도

사람이 서울 밖에도 산다

밖에도 사람이 **산다** 서울

서울 사람이 밖에도 산다

사람이 밖에도 산다 서울

서울 밖에 남거나 남겨진
청년, 여성, 노동자이자 활동가가 말하는
'그럼에도 지방에 남아 있는 이유'

히니 지음

지방, 여성, 청년.

나를 수식하는 키워드다. 이 평범한 단어들과는 최근에야 부쩍 가까워졌다. 우연히 응하게 된 첫 인터뷰에서 지방에 사는 여성 청년이 가진 고민을 털어놓았을 뿐인데, 이걸 시작으로 몇 번의 인터뷰를 더 하게 됐다. 인터뷰할 때마다 지방 청년 문제를 고민하는 대표자가 된 것 같은 기분에 사로잡혀 부담스러울 때가 한두 번이 아니었다. 누구나 의견을 가질 수 있지만, 그 의견을 말하려면 어떤 자격이 필요한 것 같았다. 이곳저곳의 문제가 모이는 곳은 언제나 서울이었다. 청년 문제나 지방 문제조차도 서울에서 태어났거나 서울 소재 대학을 졸업했거나 남성인 사람들의 입을 통해서만 나왔다. 서울에 살지 않고, '지방대' 출신이며, 여성인 내 이야기가 어떻게 전해질지, 어디까지 전달될지 염려스러웠다. 동시에 단단한 엘리트주의와 서울 중심주의를 뚫고, '자격이 없는' 사람들도 말할 수 있다는 걸 증명하고 싶었다. 기사를 읽거나 영상을 본 이들이 보내는 '인터뷰 잘 봤다'는 메시지가 하나둘 쌓이고, 내가 한 말이 자신의 이야기 같다는 댓글이 가득한 걸 확인하고서야 가슴을 쓸어내렸다.

꽤 오랜 시간 서울을 좋아했다. 정확히 말하자면 내가 서울에 사는 사람이 되기를 바랐다. 잠들지 않는 도시, 언제 어디든 갈 수 있는 버스와 지하철, 다양한 볼거리와 즐길 거리를 일상적으로 누리는 서울 사람들이 부러웠다. 부모님이 아무런 연고도 없는 포항으로 이주한 것을 도무지 이해할 수 없었다. 언니와 내가 아주 어릴 적 우리 가족이 잠깐이나마 서울에 살았다는 엄마의 말을 들었을 때는 그것이 방금 저지른 실수라도 되는 양 아쉬움이 밀려왔다. 왜 서울을 떠났느냐고 원망을 쏟아내도 내 두 발은 포항 땅을 밟고 있었다.

　말은 제주로 사람은 서울로 보내라고 했다. 이 말이 속담이라는 걸 모르는 사람이 없지만, 적어도 내게는 하나의 격언으로 작동했다. 아이러니한 건, 그 말을 가장 많이 한 사람이 포항의 작은 학교, 어느 반 교단에 서 있던 선생님이었다. 모든 어른이 사람은 서울로 가야 성공한다고 믿었기에 입을 모아 '서울로 가라'고 성화였다. 그들의 믿음처럼 서울에서 사는 것이 성공의 척도라면, 서울로 가지 못한 사람들은 실패한 삶일까? 라는 생각이 스쳤다. 그리고 궁금해졌다. 내가 어른이 됐을 때 서울에 가지 못하면 어떻게 되는 걸까.

　어떻게 되진 않았다. 나는 지금도 포항에서 잘만 살고 있다. 달라진 게 있다면 사람은 서울로 보내라던 그 말은 온데간데없고 지방에 청년들이 살지 않는다며 이제는 돌아오라고 야단이다. 지방 소멸은 출생률 저하와 엮이며 뉴스에 자주 등장했다. 문제를 문제로 인식하는 데에서 그치는 것이 문제였다. 사회가 고령화되는 것을 걱정하면서도 정작 지방 청년이 설 자리는 어디에도 없었다. 청년에게 서울이 아닌 지방에 정착

하라는 아우성은 텅 빈 메아리처럼 들렸다.

지금도 저마다의 이유로 청년들은 지방을 떠나 서울로, 서울과 가까운 수도권으로 옮겨간다. 내가 지방을 떠나고 싶었던 가장 큰 이유는 답답함과 외로움이었다. 선거철만 되면 섬처럼 표시되는 경상도를 벗어나고 싶었다. 정치적인 이유뿐만은 아니었다. 채식하는 친구들이 포항에 올 때면 육식 위주의 식당으로 빼곡한 거리를 헤매며 우리가 갈 수 있는 곳을 찾아야 했다. 우리에게 식사의 선택지가 없다는 건 문화적 선택지가 없다는 것과 같은 말이었다. 하나뿐이던 소극장이 사라졌을 때도 그랬다. 이제 포항에서 연극이라는 걸 볼 수 없겠구나, 하는 아쉬움을 독립 영화관으로 달래곤 했다. 독립 영화관은 문화 복지 차원으로 운영되고 있지만, 포항시는 시민들에게 언제고 적자를 말했다. 이윤을 생각하는 순간 복지는 복지가 아니게 되는데도 말이다.

서울에서 유행하던 것들은 수년이 지나야만 포항에 도착했다. 그마저도 높고 험난한 산맥을 넘지 못할 때가 많았다. 언제부턴가 각종 브랜드 매장의 유무는 지방과 도시를 나누는 기준이 되었고, 과거와 현재를 가르는 시곗바늘이 되었다. 한때는 서울의 시간에서 살기를 간절히 바랐고, 급기야 내가 갈 곳은 서울뿐이라 믿었다. 강한 믿음은 쉽게 깨지기 마련이었다. 지방을 떠나는 것도, 서울에서 사는 것도 더 이상 정답이 될 수 없다는 걸 알았기 때문이다.

인터뷰 때마다 받았던 질문이 있다. 그럼에도 왜 지방에 남아있느냐는 물음. 시간이나 지면의 문제로 그동안 충분히 답을 하지 못했다. 이제 그 대답을 제대로 할 차례다.

출간을 제안해 준 이르비치 대표님, 어릴 적 일기부터 이 책의 초고에 이르기까지 내가 쓴 모든 글의 첫 번째 독자가 되어 준 부모님과 언니에게 고마움을 전한다. 그들 덕분에 조악한 내 생각을 글로 적을 수 있었다. 마지막으로 이 책이 서울 밖 이들을 연결하는 무언가가 되기를 바란다.

2023년 가을, 히니

3

벤츠는 없다

4

더 넓은 세상으로

미투 이전에 우리가 있었다
있었다 우리가 미투 이전에
우리가 **미투** 이전에 있었다
이전에 우리가 미투 있었다
미투 **이전에** 있었다 우리가
우리가 미투 이전에 있었다
이전에 미투 있었다 **우리가**
있었다 미투 이전에 우리가
우리가 **있었다** 미투 이전에
미투 있었다 이전에 우리가
있었다 우리가 미투 이전에

가부장제의 최전선에 있는 엄마에게 필요한 건

'왜 그러고 사느냐'는 비난이 아니라

엄마의 노동을 인정하고 존중하는 태도일지도 모른다.

부엌을
뛰쳐나온
엄마

엄마 손에 이끌려 도착한 곳은 포항에서도 유독 사람이 붐비는 어느 거리였다. 엄마는 익숙한 듯 바닥에 앉았다. 나도 엄마 옆에 앉아서 작은 트럭 위에 올라가 마이크를 쥐고 이야기하는 사람들을 구경했다. 그들의 말을 이해할 수 없어서 지루하고 재미없는 시간이었다. 바닥에 붙은 내 엉덩이가 아픈 게 더 중요했다. 엄마는 그날 이후에도 몇 번 더 나를 그 거리로 데려갔고, 나는 그때마다 어떻게 앉아야 엉덩이가 덜 아플지 생각했다.

어떻게 앉아도 엉덩이는 아팠고, 몇 번을 들어도

어른들의 이야기를 전부 이해할 수는 없었다. 좀이 쑤셔서 온몸을 들썩이던 내게 엄마는 '언니 오빠들이 입은 교복을 보고 공부 못하는 애와 잘하는 애를 구별할 수 있으면 어떨 것 같아?'라고 물었다. 어린 생각으로도 성적에 따라 옷을 달리 입으면 조금 부끄럽고 억울할 것 같았다. 내 말을 들은 엄마는 그런 억울함을 없애려고 우리가 모인 거라고 말했다. 엄마의 설명을 듣고도 그 시간이 따분하기는 마찬가지였다. 그때는 우리 자매가 중학교조차 입학하지 않은 시기였는데도 엄마는 마치 당신의 딸들이 억울함을 겪는 당사자인 것처럼 열심이었다.

어떤 날엔 엄마와 텐트처럼 생긴 곳에 가기도 했다. 그 장소가 바다도 산도 아닌 이름 모를 건물 앞에 있었기 때문에 캠핑하기 좋은 곳은 아니라고 생각했다. 텐트의 주인으로 보이는 아저씨는 "단술 줄까?"하고 물었는데, 내가 멀뚱히 쳐다보자 너털웃음을 보였다. 그가 전국교직원노동조합원이라는 이유로 해고된 교사였다는 것과 그가 지냈던 곳이 텐트가 아닌 농성장이었다는 걸 깨달은 것은 단술이 식혜라는 걸 알아

챌 무렵이었다.

엄마는 바쁜 사람이었기 때문에 내가 집에 돌아왔을 때 엄마가 없는 건 당연한 일이었다. 엄마가 챙겨둔 간식을 먹고 숙제도 하고 TV를 보고 있으면 저녁 늦게 엄마가 돌아왔다. 그날은 평소보다 일찍 엄마를 만날 수 있었는데 그 장소가 의외였다. 만화가 끝난 후에도 계속 틀어놨던 TV 속에 엄마가 있었다. 엄마뿐만 아니라 내가 엄마를 따라다니며 길에서 만났던 어른들도 함께였다. 엄마와 어른들은 나란히 서서 무어라 외치며 주먹을 쥔 채로 팔을 위아래로 흔들기도 했다. 엄마는 화가 난 것처럼 보이기도, 잔뜩 설렌 사람처럼 보이기도 했다. 그건 내가 한 번도 본 적이 없던 엄마의 얼굴이었다.

사위가 어둑해지고 나서야 현관문이 열렸다. 엄마는 양쪽 겨드랑이에 사람 한 명씩을 낀 채로 엉금엉금 들어왔다. 교육청 공무원들이 농성장을 강제로 철거하려는 과정에서 떠밀려 허리를 다쳤다고 했다. 통증에 괴로워하는 엄마를 보며 이렇게까지 해서 얻는 게 뭔지 궁금했다. 그날 밤새 앓던 엄마는 다음날 휠체어에 앉은 모습으로 TV에 나왔다.

어른들의 오랜 싸움은 포항의 고교평준화를 이끌었지만 정작 우리 자매는 시기의 문제로 성적에 따라 고등학교에 입학했다. 엄마의 시간과 에너지로 만든 성과가 엄마의 딸들에게는 적용되지 않은 셈이었다. 엄마는 내 후배들부터라도 고등학교 입시 경쟁을 덜 수 있으니 다행이라고 말했지만, 엄마가 헛수고했다는 생각을 완전히 지우기는 어려웠다.

고등학교는 늦어도 4시면 하교했던 중학생 때와 완전히 달랐다. 적어도 8시 10분까지는 교실에 도착해야 했고, 야간 자율학습을 마치고 집에 돌아오면 밤 11시였다. 엄마는 학교에 묶인 나를 거리와 농성장으로 데려가는 대신 신문을 쥐여 줬다. 처음에는 신문을 읽는 것이 일종의 숙제처럼 느껴졌지만 금세 흥미가 생겼고, 나중에는 스스로 신문을 챙겨서 집을 나섰다. 책상 전체를 덮을 만큼 큰 신문을 활짝 펴놓고 있으면 포항이 아닌 드넓은 세상에 선 듯한 기분이었다. 매일 기사 몇 개를 오려 학급 게시판에 붙여두곤 했는데, 신문을 읽으며 알게 된 세상을 모두와 나누고 싶은 마음이었다. 그런 내 마음을 알아주는 사람이 없다는 게 문제였지만.

매일 신문을 읽고 뉴스를 보는데도 나의 세상은 점점 작아지는 느낌이었다. TV 속 세상은 알록달록 생동감과 에너지가 넘쳤지만 내가 사는 세상은 고요하고 평화롭다 못해 생기마저 잃은 듯했다. 그건 서울과 지방의 온도가 매우 다르다는 의미도 있지만 내 주변 사람들은 뉴스와 신문 기사, 정확히는 세상 돌아가는 일에 별 관심이 없는 듯했다. 내가 오려 붙인 신문 기사에 관심을 두는 사람도 나뿐이었다.

좁고 답답한 나의 세계를 넓혀준 건 엄마였다. 세상을 알수록 궁금한 게 자꾸 늘었다. 머리에 빨간 띠를 두른 아저씨들이 왜 도로에 앉아있는지, 내게 단술을 권하던 선생님은 왜 해고된 건지, 자유무역협정 이후 농민들이 왜 거리로 나왔는지…. 내가 어떤 질문을 쏟아내도 엄마는 귀찮은 내색 없이 답해주곤 했다. 오히려 아는 것이 없다며 내가 묻는 것에 모두 답할 수 없

음을 미안해했다. 그 시기, 엄마는 가장 가까운 친구이
자 훌륭한 선생님이었다. 아는 게 적어서 미안하다는
말이 무색할 정도로 엄마의 대답들은 내가 세상을 배
우기에 충분했고, 날마다 거리로 뛰쳐나간 엄마의 일
상은 내 삶의 방향을 가르쳐 준 나침반이 되었다.

　　호기심 많던 아이는 자라서 오늘의 내가 되었다.
대학을 졸업하고 사회에 나와 보니 엄마가 알려준 세
상이 낡고 시시해 보였다. 클릭 몇 번으로 더 넓고 깊
은 정보를 얻을 수 있었고, 노동조합에서 만난 사람들
은 온몸으로 지성미를 내뿜었다. 자연스레 그들이 엄
마를 대신하면서, 내 질문에 답해주는 사람이 엄마가
아니어도 괜찮아지고 있었다. 솔직히 말하면 엄마에게
더는 들을 답도, 우리가 나눌 수 있는 대화도 없다고
여겼다. 조금 더 솔직해지자면, 엄마와 이야기하는 것
보다 혼자 벽을 보고 떠드는 게 낫다고 생각할 때가 많
았다.

　　권력형 성범죄 피해자들의 증언이 쏟아지던 때가
특히 그랬다. 피해 사실을 담담하게 증언하는 누군가

를 보면서 피해자 같지 않다느니, 사람이 좀 이상하다 느니 말하는 엄마가 자꾸만 내게서 멀어지는 것 같았다. 그런 말에 내가 어떻게 반응할지 잘 알 텐데, 이상하리만치 엄마는 성범죄 뉴스만 나오면 꼭 '어떤 말'을 해야 직성이 풀리는 사람처럼 굴었다. 그럴 때마다 엄마는 나의 먹잇감이 되었고, 나는 그 목덜미를 물어뜯는 맹수가 되었다. 어떻게든 엄마의 입을 막으려고 이런저런 말을 늘어놓으면 엄마는 알 수 없는 표정으로 자리를 뜨곤 했다. 엄마의 반응에 미안함이 밀물처럼 밀려와도 끝내 사과하지 않았다. 뒤돌아선 엄마의 등에 도끼눈을 꽂은 채 "아무것도 모르면서"라는 말을 중얼거릴 뿐. 나는 틀린 말을 한 게 아니고, 엄마가 비난한 그들을 지켜야 한다는 생각이었다. 엄마는 더 이상 나의 친구도, 선생님도 아니었다.

그 시기, 성범죄 피해자를 의심하는 사람은 엄마뿐만이 아니었다. 같은 정치인이나 정당을 지지하는, 그러니까 나와 같은 곳을 바라본다고 생각했던 이들도 어떤 이슈에서만큼은 다른 얼굴을 하고 있었다. 나는 그들 앞에선 발톱을 숨기고 맹수가 아닌 척했다. 세상인자한 표정으로 다른 의견도 기꺼이 듣고, 이성적이고 차분한 태도를 유지하며 내 생각을 말할 뿐이었다.

맞다. 나는 유독 엄마에게만 모난 이빨을 드러냈다. 엄마가 왜 그런 생각을 하는지 물어본 적도, 들을 생각도 없었다. 내 세상을 만든 것도, 그 세계를 넓혀준 것도, 모든 사람이 가졌으나 모두가 알지 못하는 부끄러움을 알려준 것도 엄마였으므로, 그런 엄마가 어떤 이의 일상을 무너뜨린 권력의 편에 서는 것을 도저히 지켜볼 수 없었다. 나를 만든 엄마가 나와 다른 방향으로 걷는 걸 인정하기 힘들었다. 그리고 내 안에도 지우고 싶은 수치심과 모욕감이 봉인되어 있다는 사실을 차마 말할 수 없었다. 이 모든 것들이 뒤섞여 적대감으로 표출됐다. TV를 보며 읊조리던 엄마의 생각은 (나의 그것과 달랐으므로) 불온하고 비뚤어진 것이어서 나는 그런 엄마의 생각을 철저히 무너뜨리고 싶었다.

날카로운 발톱을 깎아준 사람도 결국 엄마였다. 여느 때처럼 어떻게든 엄마를 할퀴려고 씩씩대며 등이 보이기만을 기다렸다. 티끌 같은 꼬투리를 겨우 잡아

반격하려던 찰나에 엄마가 말했다. "엄마는 모르는 게 많아. 그러니까 알려줘." 엄마는 주먹 쥔 손을 위아래로 흔들던 오래전 그때와 같은 표정을 하고 있었다. 어째서인지 눈물이 날 것 같았다. 그리고 깨달았다. 여전히 내 선생님은 엄마라는 것을.

언젠가 엄마는 내가 '모르는 것이 너무 많은' 당신의 딸인 것을 부끄러워하는 줄 알았다고 했다. 그럴 리가 있나. 똑같은 질문을 여러 번 하던 내게 짜증 한번 안 내고 대답해 준 엄마였다. 아는 것을 아는 것보다 모르는 것을 아는 게 더 중요하다고 말하는 엄마다. 손주 둘을 등에 업고 품에 안고서도 여전히 배움을 찾아나서는 사람도 엄마다. 목소리에도 힘이 있다는 걸 가르쳐 준 엄마다. 엄마 덕에 '조금 더 많이' 알게 된 내가 이제는 대답해 줄 차례인 것 같다. 나의 엄마가 그랬던 것처럼.

밥상머리
페미니즘

엄마는 늘 깨어있었다. 새벽까지 반찬을 만들고, 새벽에 일어나 아침을 차렸다. 30년 동안 일을 쉰 적이 없었던 엄마의 하루에는 언제나 밥상을 차려야 하는 노동이 있었다. 내가 대학교에 진학하면서 자취를 시작했을 때 엄마는 자주 자취방에 왔다. 그때마다 엄마는 팔을 걷어붙이고 청소와 요리를 했다. 한번은 학교 식당에서 밥을 먹는데 맞은편에 앉아있던 엄마가 옷소매로 눈물을 훔쳤다. MSG가 잔뜩 들어간 음식을 매일 먹을 나를 생각하니 마음이 아프다고 했다. 그 후 매달 반찬으로 꽉 찬 상자가 자취방으로 배송됐다. 그 무렵 내게 자취방은 잠만 자는 공간이었기 때문에 집에서 밥을 먹는 건 드문 일이었다. 곰팡이가 핀 반찬을 버릴 때면 엄마에게 전화해 투덜거렸다. 쓸데없이 반찬을 많이 보냈다고. 그러나 다음 달이면 내가 좋아하는 반찬들이 담긴 새 상자가 현관문 앞에 놓여있었다.

엄마는 나와 냉전 중일 때도, 아빠와 싸웠을 때도 밥상을 차렸다. 늦은 밤 집에 들어가면 엄마는 거실 소파에서 새우잠을 자다가도 벌떡 일어나 "밥 차려 줄까?"라고 물었다. 그 모습에 알 수 없는 답답함이 몰려와서 "언제는 살 빼라며"라는 말로 심통을 부렸다. 자정이 될 때까지 굶고 있을 내가 아닌데, 밥이 뭐라고 매번 선잠에서 깬 밥상을 차리려는 엄마를 볼 때면 짜증이 치밀었다. 밖에서 일하고 돌아와 가사노동을 하는 것이 당연한 듯 사는 엄마를 보며 생겨난 답답함과 미안함은 어느새 내 안에 부채감으로 자리 잡기 시작했다.

외식할 일이 있을 때마다 아빠는 가성비를 이유로 집에서 밥을 해 먹자고 했다. 아빠의 계산에 엄마의 노동력은 고려되지 않았다. 우리 가족은 언제나 엄마가 차린 밥상을 코앞까지 대령하면 밥을 먹었다. 우리 자매와 아빠는 국과 반찬을 만들 줄 몰랐다. 평생 엄마의 밥상을 받아먹기만 한 우리가 요리할 줄 모르는 것은 어쩌면 자연스러운 일이었다. 이런 이유로 엄마는 당신의 생일에도 직접 미역국을 끓였다. 간혹 엄마가 지쳐 보일 때면 온 가족이 선심 쓰듯 외식을 권했고, 그제야 엄마도 남이 차린 밥상 앞에서 생일을 보냈다.

언니가 결혼한 뒤 처음 외식 이야기가 나왔을 때도 아빠는 집에서 식사하기를 원했다. 늘 그랬듯 요리는 엄마의 몫이었다. 아빠와 형부는 한 상 차려놓은 식탁에 앉아 서로의 잔에 술을 따르면서도, 자신의 배우자를 부르며 이것저것 가져올 것을 요구했다. 엄마와 언니는 밥을 먹다가도 벌떡 일어나 부엌과 식탁을 부지런히 오갔다. 엄마는 형부가 언니를 부를 때도 '편하게 밥 먹어' 말하고는 언니 대신 일어나기도 했다. 언니와 엄마는 서로를 위한답시고 남자들의 심부름을 자신이 하겠다며 실랑이까지 벌였다. 평온한 남자들과 상반되는 모녀를 보며 왠지 심통이 났지만, 나 역시 엄마와 언니를 돕기 위해 분주히 움직였다. 그날 아빠와 형부는 자리에서 한 번도 일어나지 않은 채 평화롭게 식사를 마쳤다. 남자들이 엄마가 깎은 과일을 먹으며 TV를 보는 동안 우리 자매는 설거지와 뒷정리를 했다. 평생 엄마의 가사노동을 보고 자란 딸들이 자연스럽게 엄마의 노동을 분담하게 된 순간이었다.

　페미니즘을 이야기하면서도 나는 오랫동안 그것이 어떤 문제를 안고 있는지 알지 못했다. 여태껏 집에서 내가 먹어 온 밥은 다른 여성을 착취한 결과였다. 그 사실을 인지한 뒤부터 식사만큼은 엄마의 손을 빌리지 않으려 했지만, 엄마는 어차피 시집가면 하게 될 일이라며 내 손이 상할 것을 염려했다. 결혼으로 귀결되는 발언을 차치하더라도 가사노동을 홀로 감내하려는 엄마를 이해할 수 없었다.

　작가 우사미 린은 소설 《엄마》에서 "엄마를 낳아주고 싶어. 낳아서 처음부터 키워주고 싶어요. 그러면 분명히 구해줄 수 있습니다."라고 말하며 딸이 엄마에게 갖는 안타까움, 애증, 엄마를 구원하고 싶은 마음을 표현했다. 엄마의 처지를 가장 가까이에서 목격하며 해소되지 않은 복잡한 감정을 안고 사는 딸의 심정을 한 마디로 나타낸 이 문장은 오랫동안 내 마음에 머물렀다. 한평생 홀로 가사노동을 감내해 온 엄마의 지난한 시간을 쉽게 가늠할 수 없었다. 무슨 일이 있어도 가족의 밥상을 차리는 엄마가 측은했고 안쓰러웠다. 고작 10만 원의 외식비(이 가격도 우리 가족 스스로가 정한 한도였다)로 치환되는 엄마의 노동력의 가치가 한없이 초라해 보였다. 엄마의 시간을 초 단위로 쪼개고 그 시간을 좀먹는 건 우리였음에도 스스로를 가족에 바치는 삶을 살아온 엄마가 미련하다고 생각했다. 엄마가 그런 삶을 선택한 이유가 모두 우리 때문이라는 묘한 자책감과 미안함이 일었다. 그러나 그 당시 내게는 그런 복잡한 감정을 설명할 단어가 없었다. 집 안팎의 이중 노동으로 밤마다 허리를 두드리는 엄마를 보며 나는 매번 "나는 절대 엄마처럼 안 살 거야"라고 말했다.

엄마가 페미니즘을 알게 된다면 하루 중 몇 시간만이라도 엄마만의 시간을 가질 수 있을 것 같았다. 가사노동을 엄마 혼자 감당하는 건 부당하다고, 더는 아빠의 시중을 들지 말라고 당부해도 엄마는 대구 없이

하던 일만 할 뿐이었다. 답답했다. 엄마를 도우려는 내 마음을 몰라주는 게 서운하기까지 했다. 내가 늘어놓는 말을 가만히 듣던 엄마는 내 말 때문에 오히려 자존감이 떨어진다고 했다. 그 순간엔 내 말이 뭐가 틀렸냐고 엄마를 몰아세웠지만, 이제는 안다. 그때 내가 한 말은 사회적으로 인정받지 못하는 여성의 가사노동을 나 또한 무시한 것이었음을.

가부장제의 최전선에 있는 엄마에게 필요한 건 "왜 그러고 사느냐"는 비난이 아니라 엄마의 노동을 인정하는 한편 개인으로서의 엄마를 존중하는 태도일지도 모른다. 엄마를 낳아서 처음부터 키워주지 못한다면, 나는 엄마가 선택한 삶을 인정했어야 했다. 그것이 딸이 엄마를 위해 할 수 있는 최선의 방법이었다.

맞벌이 여성의 하루 평균 가사노동 시간은 남성보다 2시간 13분이 더 많다. 맞벌이라 해도 여성은 남성의 세 배가 넘는 시간을 가사노동에 할애한다. 수십 년 전이나 지금이나 같은 수치의 통계 결과는 기혼 여성의 삶을 가늠케 한다. 남성은 생계부양자, 여성은 가사노동자로 고정한 가부장제가 우리 사회에 여전히 견고하다. 게다가 한국식 자본주의는 저임금 장시간 노동으로 여성과 남성 모두를 가부장제의 피해자로 만든다. 누구도 괜찮지 않은 억압의 장에서 벗어나기 위해 엄마와 아빠, 아들과 딸에게 가부장제의 경계를 뛰어넘는 용기와 실천이 필요하다. 그 실천의 한 방식으로 나는 더 이상 엄마의 밥상을 기다리지 않는다. 몇 년 전부터 아빠 스스로 끼니를 해결할 때가 많다는 것은 무척 고무적이다. 국과 반찬은 엄마의 손을 빌리지만, 혼자 식사해야 할 때면 밥상을 차리고 치우는 일까지 아빠가 한다. 어쩌면 아빠도 이제야 엄마만의 가사노동이 당연하지 않음을 알아차린 것은 아닐까. 밥상을 차리는 아빠의 용기가 엄마의 밥상을 기다리지 않는 내 실천을 지속 가능하게 한다.

나는 엄마의 얼굴에서 페미니즘을 발견한다. 맞벌이 여성의 일상에 고단함을 더하는 가사노동이 경제적 가치를 창출하지 않는다는 말이 모순이고 궤변이라는 사실을 엄마의 삶에서 찾았다. 여성은 걸레나 국자를 손에 쥐고 태어나지 않았다. 여성은 집안에서 보이지 않는 노동자로 길러지고, 가사노동은 엄마에서 딸로 대물림된다. 사회는 여성에게 사랑과 모성에 따른 책임을 강요하여 이에 응하지 않는 여성을 악마화한다. 그러나 어디에도 엄마가 된 여성이 가사노동을 전담해야 할 이유는 없다.

이제 딸이기 전에 같은 여성으로서 엄마에서 나로 이어지는 착취의 굴레를 끊어야 할 시점이다. 가부장제가 어디든 존재하듯 페미니즘 역시 어디든 존재할 수 있다. 집안의 페미니즘이 필요한 이유가 바로 여기에 있다.

쓸모와
자기만의 방

책방 문이 한 번도 열리지 않은 날이면 출근한 것이 무슨 의미가 있나, 라는 생각이 절로 들었다. 손님 총량의 법칙이라도 있는 것 같았다. 그러니까 어제 손님이 많이 왔으면 평균이라도 맞추려는 듯 오늘은 종일 조용한 거다. 그래도 임대료를 감당하려면 문을 닫기보다 여는 편이 나았다. 임대료를 내고 나면 통장에 찍힌 숫자는 보통 다섯 자리를 넘기지 못했다. 임대료를 냈다는 사실에 안도하기보다는 곧바로 보름 뒤 빠질 카드값을 만들어야 했다. 카드값은 공과금이나 도서 구입 같은 책방 살림에 쓴 돈이었다. 카드값을 내고 나면 다시 보름 만에 임대료 낼 돈을 마련해야 했다. 숨 가쁜 이어달리기였다. 밑 빠진 독에 물 붓는 게 이런 걸까. 나를 위해 쓰는 건 한 푼도 없는데 통장에 남는 돈이 없었다. 아니 어쩌면 나를 위해 쓰는 돈이 없었기 때문에 임대료나 카드값을 낼 수 있었던 걸지도 몰랐다. 매일 나를 포기해야 매일을 버틸 수 있었다. 숨이 턱턱 막혔다.

모든 지출을 줄여야만 했다. 돈이 드는 일은 최대한 피했다. 친구를 만나는 일이나 여행은 진즉에 포기했다. 예전 같으면 부모님 생신이나 기념일마다 거리낌 없이 봉투를 준비했겠지만, 그런 돈마저 통장 잔고를 먼저 떠올리며 계산하게 됐다. 빈손으로 가족 모임에 참석할 때면 왠지 죄인이 된 기분이었다. 케이크에 두툼한 봉투까지 준비해 온 언니는 항상 "너는 뭐 준비한 거 없니?"라고 물었다. 내 사정을 누구보다 잘 알면서도 그런 말을 하는 언니가 얄궂다고 생각했지만, 나는 입을 꾹 다무는 것 말고는 할 수 있는 게 없었다. 그러면 언니는 장난이라며 얼버무렸고 우리 가족은 재미있다는 듯 웃었다. 모두가 장난이라고 말했으나 장난이 아닌 것 같았다.

　장난이라기에는 그 말들이 매번 나를 공허하게 만들었다. 책방 살림에 보태라며 목돈을 내놓고, 지인들을 데려와 매출을 올려주려고 애를 쓰면서도 그런 농담은 빠지는 일이 없었다. 가족에 대한 고마움과 미안함 뒤로 어느새 서러움이 제 몸집을 불렸다. 내 몸 하나 건사하지 못하는 날이 길어질수록 가족들이 하는 농담은 농담으로 받아들이기가 어려웠고, 그만큼 나는 점점 작아졌다. 이렇게 작아지다 나중에는 먼지가 되어 공기 중으로 사라져 버릴 것 같았다.

　책방은 돈을 벌기보다는 있는 돈을 까먹는 구조로 운영됐다. 동네 책방은 대형 서점과 온라인 서점보다 책을 비싸게 사 올 수밖에 없었고, 할인에 적립까지 해주는 온라인 서점과 달리 정가에 책을 팔아서 '현명한' 소비자들은 동네 책방을 찾지 않았다. 내가 잘할 수 있는 일을 찾아 책방을 시작했지만, 책을 읽고 글 쓰는 것은 돈이 되지 않았다. 나는 매일 아무짝에도 쓸모없는 일을 하는 거였다. 자본주의 사회에서 돈을 못 버는 인간은 잉여, 그러니까 쓸모없는 인간이다. 책방을 연

뒤로 나는 쓸모없는 인간이 되었다.

　나이가 찼는데도 결혼하지 않은 상태로 있는 건 나의 쓸모에 또 다른 물음표를 만들었다. 비혼을 선언한 건 꽤 오래전 일이었다. 우리 가족은 결혼하지 않겠다는 내 생각을 딱히 지지하지는 않았지만 그렇다고 쌍수를 들고 반대하지도 않았다. 언니가 결혼하고 조카 둘을 낳은 후 로봇 같던 아빠는 손주 앞에서만큼은 더없이 다정한 얼굴이 되었다. 평생 보지 못했던 표정을 짓는 아빠를 보면서 '결혼하지 않는 건 불효'라던 아빠 말의 의미를 어렴풋이 알 수 있었지만, 아빠의 행복에 내 삶을 걸고 싶지는 않았다.

　아기를 유독 예뻐하던 언니는 제 자식을 낳으니 평생의 소원을 푼 것 같이 보였다. 언니는 아이들을 품에 안으면 피로가 풀리는 것 같다고 했지만, 떡 진 머리와 턱까지 내려온 다크서클은 다른 말을 하고 있었다. 보통의 맞벌이 부부가 그렇듯 언니도 직장에서 퇴근하면 마치 전업주부인 것처럼 집에서도 쉴 틈 없이 움직였다. 원래도 대부분의 육아를 책임지던 언니는 형부가 타지로 전근 간 뒤로는 본격적으로 독박육아를 하게 됐다. 언니는 40개월 된 첫째를 어린이집에 보내고 갓난쟁이 둘째를 돌봐줄 엄마나 아빠가 온 후에야 출근했다. 퇴근하고 돌아오면 큰아이를 씻기고 재운 뒤 갓난쟁이를 등에 업고 청소와 빨래를 했다. 언니에게는 직장에서의 퇴근도, 육퇴도 없었다. 직장에서 끝내지 못한 업무 때문에 입이 찢어져라 하품을 하면서도 노트북을 켰다. 그렇게 쉴 새 없이 일하다가 고요한 새벽이 되어서야 몸을 눕혔다. 그마저도 쪽잠이었다. 서너 시간마다 깨는 갓난쟁이에게 젖병을 물리는 시간만큼 언니의 몸은 바스러졌다. 아이를 재우고 노트북 전원을 켜기 전, 그 잠깐의 시간 동안 SNS를 들락거리는 것이 언니의 유일한 휴식이었다.

언니는 아기 낳은 걸 후회하지 않는다고 했지만 결혼 전 사진을 볼 때면 그때를 그리워했다. 나는 언니의 반짝이던 시절을 기억한다. 하지만 이제 언니의 쓸모는 온통 엄마의 역할로만 기능하는 것 같았다. 그런 언니를 보면서 결혼하지 않겠다는 내 마음은 단단해질 수밖에 없었다. 언니가 힘들어하는 걸 지켜본 부모님은 그럼에도 나의 결혼을 바라는 것 같았다. 누군가와 통화하다 "첫째는 벌써 결혼해서 애가 둘이야. 둘째도 얼른 치워버려야지."라는 엄마의 말을 들었다. 정말 나를 치워버릴 결심을 한 건지 엄마는 나중에 내가 아기 낳을 걸 생각해서 한 살이라도 어릴 때 난자를 냉동시켜야 한다거나 갑자기 맞선 상대를 알아보겠다고 했다. 여자는 반드시 집에서 자야 한다던 아빠도 언제부턴가는 더 이상 내 외박에 관여하지 않았다. 연애도 못 하게 하던 옛날과 전혀 다른 부모님의 행동이 당혹스러운 건 나뿐인 것 같았다. 부모님은 이미 내 결혼을 해결해야 할 과제로 생각한 모양이었다.

퇴사를 고민하는 언니와 대화를 나누다 말다툼으로 번졌던 날, 나는 나의 쓸모에 대해 이전과는 다른 고민을 하게 됐다. 나의 먹고사니즘만으로도 충분히 고달픈 상황에 언니의 고민은 푸념으로밖에 들리지 않았고, 내 마음과는 다른 말이 나왔다. 그걸 시작으로 우리 자매는 날 선 말들을 서로에게 쏟아냈다. 옆에서 싸움을 지켜보던 엄마가 내게 말했다. "쟤는 남편이라도 있지!" 그랬다. 언니는 남편이 있었다. 그러니까 언

니는 돈을 벌지 않더라도 돈을 벌어 올 사람이 또 있었
다. 엄마는 내가 결혼하지 않은 것이 짐이 되고, 내가
남편이 없기 때문에 내 생계가 문제 된다고 생각하는
거였다. 내가 따박따박 월급을 받던 시절에는 전혀 문
제가 되지 않던 것들이었다. 그날 이후로 결혼도 하지
않고, 그렇다고 돈을 잘 버는 것도 아닌, 나라는 인간
의 쓸모를 찾으려 애썼다. 내가 도망칠 곳은 내 방밖에
없었다. 혼자 살던 집에서 부모님의 집으로 다시 들어
갔을 때, 내 방엔 온 가족의 짐이 구석구석 자리를 채
우고 있었다. 내 방은 그 짐을 치울 곳도 없이 작았다.
네 평 정도 되는 방에서 내 공간은 침대와 작은 좌식
책상이 전부였지만 그마저도 온전히 나만의 공간이 될
수 없었다. 책을 읽으려 하면 거실의 TV 소리가, 글을
쓰려 하면 조카의 울음소리가 방문 너머에서 들렸다.
밤늦게 집에 돌아온 날이면 잔뜩 숨을 죽였다. 그림자
처럼 움직여도 문틈으로 새어 나가는 전등 불빛에, 샤
워기에서 흘러나온 물줄기 소리에 가족들은 얼굴을 잔
뜩 일그러뜨리곤 짜증을 냈다. 나만의 공간이 절실했
다. 다시 원가족과 같이 살게 된 내가 나만을 위한 방

을 찾으려면, 먼저 나의 쓸모를 증명해야 했다.

건물주에게 2년간 빌린 책방에서도, 온갖 짐이 들어앉은 네 평짜리 방에서도 내 공간을 찾을 수 없었다. 책방을 연 뒤로, 경제적 독립이 무너진 후로, 버지니아 울프의 말이 백번 옳다는 걸 온몸으로 느꼈다. 돈이 있으면 해결될 문제라고 생각했다. 전처럼 내가 돈을 벌기만 한다면, 그래서 내가 쉴 집을 구하기만 하면 모두 끝날 일이라고 말이다. 둘째를 낳고 산후조리조차 제대로 못 하고 출근해야 했던 언니를 대신해 조카들을 돌봤던 몇 달 동안, 언니의 일상을 누구보다 가까이에서 지켜본 후에야 알았다. 자기만의 방을 열 수 있는 열쇠는 돈이 아니라 어쩌면 여성의 쓸모일 수도 있다는 걸. 언니는 아이의 엄마로, 누군가의 아내로만 집 안에 머물렀고 언니의 쓸모는 육아와 살림에 갇혀있었다. 집 안 구석구석 언니의 손이 닿지 않은 곳이 없었는데도 언니의 방을 어디에서도 찾을 수 없었다. 그러니까 언니의 방은 집안 전체이자 집안 어디에도 없었다.

언니와 나는 서로를 부러워했다. 언제든 자유롭게 떠날 수 있는 나를, 당장 일을 그만둬도 먹고사는 일에 갈급함은 없을 언니를. 언니의 결혼과 출산 후 극명하게 달라진 우리는 서로의 삶에 닿을 수 없었다. 닮은 데라곤 돈이 있거나 없거나 우리는 우리만의 방을 가질 수 없다는 거였다.

나는 아직도 여성이 경제적 자립을 한다면 자기만의 방을 가질 수 있다던 버지니아 울프의 말을 믿는다. 그리고 결혼하지 않는 이상 아주 오랜 시간이 걸리더라도 그것이 가능할지 모른다고 믿는다. 다만 그런 생각을 할 때면 아이가 있어서, 남편이 있어서, 맞벌이하고 있더라도 자기만의 방을 가질 수 없는 여성들이 떠올랐다. 하고 싶은 게 많았던 언니가 영락없는 '아줌마'로 변하는 걸 보면서 결혼한 여성에게는 모성 뒤에 가려진 자신을 되찾을 수 있는 자기만의 방이 필요하다고 생각했다.

'아줌마들의 수다'로만 여겨지는 여성들의 목소리를 듣고 싶었다. 그래서 글쓰기 모임으로 기혼 여성들도 들어올 수 있게끔 자기만의 방문을 열어두었다. "아줌마도 참여할 수 있나요?" "저는 나이가 많은데 괜찮을까요?" 라는 문의가 많았다. 나이도, 직업도, 이름도 말하지 않아도 된다고, 글쓰기 모임은 엄마나 아내의 역할에서 벗어나 오롯이 '나'로 있는 시간이라고 말하면 여성들은 눈물을 뚝뚝 흘렸다.

글쓰기는 잃어버린 자신의 언어를 되찾는 일이었다. 가부장제가 견고한 사회에서 남편에게 순종하는 것이 옳다고, 가정의 희생자로 사는 게 당연하다고 배우며 성장한 여성들은 언제나 침묵해야 했다. 그러나 지금 그 침묵을 깨고, 글을 쓰며 자신을 드러내는 여성들이 있다. 그들은 누구에게도 하지 못할 이야기를 글로 쓰고 또 나누며 엄마와 아내로서의 쓸모에서 벗어나 진짜 '나'를 찾으려 애쓴다. 서로 다른 시대와 삶을 살았지만 글쓰기 모임에서 본 여성들의 경험은 같았다. 그들이 자신의 글을 읽다 흘리는 눈물에는 그간의 고통과 서러움이 묻어있다. 눈물에 전염되어 모두가 눈물을 흘릴 때는 그냥 그렇게 시간을 보내기도 한다. 겹겹이 쌓인 서글픔의 세월을 잠깐이나마 씻어낼 수 있기를 바라면서.

우는 얼굴을 하고서 다급히 휴지를 건네는 사람

들을 볼 때면 나는 여성 글쓰기의 힘을 실감한다. 다른 이의 눈물을 닦아주는 연대, 서로의 이야기에 보내는 공감, '나'를 찾아가는 과정. 이것은 바닥을 치는 잔고에도 나를 버티게 하는 힘이 되었다. 이 시간을 많은 여성과 함께하고 싶다. 더 많은 여성이 잃어버린 언어를, 자기만의 방을, 그리고 자신의 쓸모를 찾길 바라는 마음으로.

고등학교 1학년 때 담임 선생님의 별명은 코뿔소였다. 누가 어떤 이유로 지었는지는 모르겠지만 그에게 썩 어울리는 별명이라고 생각했다. 학교 안에서 거의 모든 선생님은 빗자루의 솔 부분을 분리한 막대기를 들고 다녔는데, 그것은 공공연하게 매로 사용됐다. 코뿔소도 그 매를 들고 다니며 학생들을 상대로 기능을 시험했다. 평소의 그는 목소리도 작고 힘없이 걸었지만, 수틀리는 일이 생기면 코뿔소처럼 돌진해 마구잡이로 매를 휘둘렀다. 코뿔소가 언제 매를 휘두를지는 아무도 몰랐다. 대화를 하다 갑자기 팔이나 등을 가격하는가 하면, 매가 없을 땐 손바닥으로 후려치곤 했다. 유일하게 우리가 예상할 수 있는 코뿔소가 날뛰는 때는 청소와 관련된 순간이었다. 코뿔소는 이상하리만치 청소에 진심인 사람이었다.

우리 학교는 얼마간의 주기로 교내 구석구석을 청소했다. 대청소 날이 되면 우리 반은 코뿔소에게 맞지 않기 위해 분주했다. 각자 맡은 구역을 청소하고 있으면 코뿔소는 빠른 걸음으로 다가와 시범을 보여주고는 했다. 빗자루와 대걸레를 들고 혼신을 다해 청소하는 코뿔소를 보고 있으면 새어 나오는 웃음을 참기 힘들었다. 교무실 청소도 학생들 몫이었기 때문에 교사가 청소하는 모습은 무척 이질적이었고, 그것은 우리들의 웃음 포인트가 됐다. 언뜻 보면 청소하는 걸 좋아하는 사람인가, 싶었지만 코뿔소는 단지 깔끔한 걸 좋아했다. 그래서 교실을 더럽히거나, 책상 위에 교과서 이외의 것을 올려두거나, 청소 시간에 게으름피우는 아이를 무차별로 응징했다. 같은 반이었던 친구가 교실 밖에서 코뿔소에게 무자비하게 맞은 적이 있었는데, 그이유가 청소를 제대로 하지 않아서였다.

코뿔소는 아스팔트 바닥에 무릎 꿇고 앉은 친구의 허벅지를 신발을 신은 채 방방 뛰며 밟아댔다. 그 순간 만큼은 제정신이 아닌 사람처럼 보였다. 걸레를 빨기 위해 수돗가로 가던 학생들, 분리수거하던 학생들, 청소를 지휘하던 선생님들 모두가 그 모습을 목격했지만 말리는 사람은 없었다. 코뿔소가 씩씩대며 떠나간 뒤 친구는 교복 치마에 찍힌 신발 자국을 툭툭 털고 일어났다. 그 애는 울지 않았지만, 왠지 나는 울고 싶어졌다. 그날 이후로 우리 반은 청소 날이면 코뿔소의 눈치를 살피며 더 열심히 움직였다.

아침에 난폭하던 코뿔소가 밤에는 한없이 온화해지거나 그 반대의 경우도 있었다. 어제는 그냥 넘어갔던 일이 오늘은 맞아야 하는 이유가 되기도 했다. 우리는 시시각각 변하는 코뿔소의 기분을 읽어내야 했다. 나는 코뿔소에게 유독 많이 맞았는데, 주로 친구와 장난을 한 것이 이유였다. 갖다 붙이는 족족 맞는 이유가 됐고, 말도 안 되는 이유로 때려도 잠자코 있었다. 그때는 그래야 하는 줄 알았다. 멍든 내 몸을 보고 놀란 엄마에게 상황을 설명할 때도 무엇이 잘못됐는지 몰랐다. 엄마는 며칠 뒤 학부모 시민 단체의 도움으로 학교에 찾아와 코뿔소의 폭력에 항의했다.

　나는 엄마가 학교에 왔다는 사실을 야간 자율학습 시간에 알게 됐다. 우리 반을 찾아온 교감은 다급하게 나를 부르더니 빈 교실로 데려갔다. 그러고는 엄마가 오늘 학교에 다녀갔다며, 폭행당한 게 사실인지 확인했다. 나는 코뿔소에게 맞은 것이 사실이고, 이전에도 자주 맞았고, 나보다 더 심하게 맞은 친구들도 있다고 말했다. 내 이야기를 경청하는 교감을 보며 역시 코뿔소가 잘못한 거구나, 코뿔소가 이제 교감에게 혼이 나는 건가, 하는 기대감이 생겼다. 잠자코 내 이야기를 듣던 교감은 멍든 곳을 보여 달라고 했다. 교감의 말에 나는 셔츠 단추를 움켜쥔 채로 가만히 그를 쳐다봤다. 교감은 맞은 게 사실이라면 멍 자국이 있을 것 아니냐며, 멍이 있는지 확인해야 한다며 털이 숭숭 난 손을 내게로 뻗었다. 나는 울먹이며 멍은 이미 사라졌고, 남아 있다고 해도 옷을 벗어서 그걸 보여줄 필요는 없다고 말했다.

　그날 이후, 코뿔소는 눈에 띄게 나를 특별히 대했

다. 정확히는 나를 특별히 배제했다. 다른 아이들과 같이 혼나는 상황에도 나를 콕 집어 '혼내면 안 되는 사람'이라고 말했다. 교사들 사이에 내 이야기가 오갔다는 것도 확실히 알 수 있었다. 코뿔소와 나이가 비슷한 수학 교사는 수업 때마다 무작위로 번호를 불러 칠판에 적힌 문제를 풀게 했다. 그는 답을 틀리거나 문제를 풀지 못하는 학생의 발바닥을 때렸는데, 어느 날부터인가 나를 가리키면서 "쟤한테는 문제를 내면 안 된다, 쟤는 맞으면 안 되는 사람"이라며 수업 시간마다 나를 언급했다. 수학 교사에게 나는 어느새 선생님의 매질을 폭력이라 매도하고, 선생님의 권위에 도전한 사람이 되어 있었다. 나를 둘러싼 교사들의 왕따 놀이는 수개월간 지속됐고, 나는 그때마다 눈물이 나올 것 같아서 고개를 숙였다.

어떤 말은 귀로 들어와서 위장에 머물렀다. 오랜 시간 소화되지 않아 숙변처럼 마음 어딘가에 딱딱하게 굳어버리기도 했다. 교감과 코뿔소, 수학 교사가 내게 한 말들이 그랬다. 엄마의 잘못이 아닌 줄 알면서도, 나는 엄마에게 왜 쓸데없는 짓을 했냐고 원망 어린 말을 쏟아내기도 했다. 무척이나 괴롭고 힘든 시간이었다. 내가 고등학교 3학년이 되었을 때, 코뿔소와 수학교사는 전교생이 모인 강당에서 성대한 퇴임식을 했다. 교사라는 직업과 나이에 걸맞지 않은 유치한 언행을 보인 그들이 모두의 박수를 받을 때, 나는 물끄러미 그들을 바라봤다. 저들은 존경과 축하를 받을 만한 사람이 아니라는 무언의 표현이었다.

내가 졸업할 무렵 학교에서는 벌점제를 시범적으로 시행했다. 벌점을 받는 대신 매질이 줄어들 것이라는 학생들의 기대와 선생님의 권위가 바닥으로 떨어질 것이라는 교사들의 우려가 있었다. 수험생이던 시절에도 구타에 가까운 매질을 당하고 또 목격했던 당사자로서 말하건대, 벌점제에 대한 당시 선생님들의 우려는 단순한 기우일 뿐이었다. 물론 '추락하는 교권'이라는 헤드라인의 기사를 볼 때마다 그 심각성에 공감하지만, 학생 인권과 교권은 상충하는 개념이 아닌데도 마치 학생 인권이 높아져 교권이 떨어지는 것처럼 보도하는 일부 언론과 그에 동조하는 댓글을 보면 저절로 얼굴이 찡그려진다.

경북에는 아직도 학생의 인권을 최소한으로 보장하는 장치인 학생인권조례가 없다. 단 한 번도 교육 개혁을 말하는 교육감이 당선된 적이 없으니 어쩌면 당연한 일일지도 모른다. 내가 고등학교를 졸업한 지 10년이 더 지났지만 지금도 지자체는 학생인권조례를 제정할 의지가 없다. 이런 여건에서 교사들의 권위가 떨어질 리 만무하다.

학생인권조례가 있는 지역은 어떨까. 몇 년 전 스쿨 미투 운동이 일었던 지역의 상당수는 학생인권조례가 있는 곳이었다. 이제는 교사가 학생의 눈치를 보는 세상이라며, 교권이 바닥에 떨어졌다고들 말한다. 여기저기서 스쿨 미투가 터져 나온 걸 보면 그런 말은 전혀 설득력이 없다. 학생의 권리가 교사의 그것보다도 높은데, 어떻게 교사가 학생을 추행할 수 있겠냔 말이다. 결국 너도나도 인권을 말하는 시대를 지나왔으나 아직 한국에서만큼은 학생의 인권보다도 교사의 위력이 여전하다는 것은 아닐까.

나는 가끔 코뿔소와 만나는 상상을 한다. 왜 그렇게 학생들을 폭행했느냐고, 왜 그 분노는 남학생 교실에서는 잠잠하다가 여학생 교실에서만 솟아나는 선택적 분노였냐고, 정말 본인이 아무런 잘못이 없다고 생각해서 나를 조롱하는 추태까지 보였냐고 묻는 상상을. 그리고 말하겠다. 그건 훈육이 아니라 명백한 폭력이었다고. 그러면 코뿔소는 미안하다고 말하려나. 잘 모르겠다. 애초에 그런 기대는 십수 년 전, 교실에서 버렸기 때문이다.

미투 이전에
우리가
있었다

내가 다닌 고등학교는 남녀 공학이었다. 성별로 교
실을 달리 썼는데, 교무실은 남자 반이 있는 복도 끝에
있었다. 종종 선생님들은 벌을 준답시고 교무실 앞에
서 '엎드려뻗쳐'를 시켰다. 힘든 건 둘째 치고 속바지가
보일 만큼 올라가는 치마 때문에 곤욕스러웠다. 교무
실을 드나드는 선생님들이나 복도를 지나는 남학생들
이 엎드려 있는 친구들과 나를 내려다볼 때마다 한 손
으로 치마 밑단을 끌어 내리곤 했다.

선생님들은 어떻게 보면 성평등한 사람들이었다.
무차별적인 매질은 남학생 여학생을 가리지 않았다.

고1 때 있었던 코뿔소 사태로 폭력이 주춤하는가 싶었지만, 선생님들은 매를 들면 힘이 솟는 습성을 버리지 못했다. 젊은 수학 교사는 문제를 풀지 못하거나 수업 시간에 잡담하는 사람이 있으면 콧노래를 부르며 다가가, 학생의 검지와 중지 사이에 막대기를 끼우고 두 손가락을 움켜쥐었다. 학생이 괴로워하면 소리 내 웃으면서 손가락을 더 강하게 움켜쥐었다. 그 모습이 너무 기괴해서 교사의 인성을 의심할 수밖에 없었다. 어느 교사는 팔뚝 안쪽의 연한 살을 꼬집어 비틀며 '멍 안 들게 꼬집는 방법을 안다'고 말하는가 하면, 또 다른 교사는 자기 분을 못 이겨 학생 얼굴에 장구채를 휘두른 적도 있었다. 장구채가 지나간 자리에 핏방울이 맺혔다. 순식간의 일이어서 반 아이들 모두 헉! 하고 입만 벌릴 뿐 아무런 말도 하지 못했다. 그 친구는 얼굴을 몇 바늘 꿰매야 했다. 그런 일이 있고서도 학교는 평화로웠다.

고3이 되면 사정이 좀 나아질 줄 알았지만 오히려 더 했다. 입학 때부터 학교 안 모든 교사가 '어느 때보다 고3 시기가 중요하다'고 돌림노래를 불렀다. 그렇게

나 중요하게 여기는 것치고는 이상한 점이 있었는데, 고3 때 우리를 맡은 담임이 과학 교사였다. 그런데 우리 반은 문과였다. 나를 비롯한 반 아이들 모두 의아해했지만, 이유를 말해주는 사람이 없으니 이유를 알 길도 없었다. 담임의 태도도 이해할 수 없었다. 그는 항상 술에 취한 사람처럼 보였고, 밤이 되면 유독 술 냄새가 심하게 났다. 친구들 사이에서는 담임이 야간 자습 시간마다 과학실에서 술을 마신다는 소문이 돌았다. 과학실에 불려 간 아이들이 술병과 재떨이 등을 목격하면서 소문은 사실화됐다.

내가 고3이 되기 전까지 내 인생 최악의 교사는 코뿔소였다. 하지만 고3 때 담임을 만나면서 코뿔소의 위치는 2위로 강등되었다. 그는 나의 고교 시절 최악의 교사, 아니 최악의 인간이었다. 그는 코뿔소에 버금가는 난폭함을 갖고 있었는데 매가 없으면 손으로, 손에 힘이 빠지면 발을 사용했다. 그는 자습 시간을 알리는 종이 울린 뒤에 교실로 뛰어 들어온 친구의 배를 망설임 없이 걷어찼다. 이유 같은 건 묻지도 궁금해하지도 않았다. 이를 악물고 뛰어와 발로 차는 담임과 그 충격으로 나가떨어지는 친구의 모습은 마치 격투기 경기의 한 장면 같았다. 뒤집힌 치마를 재빠르게 수습하고 일어난 친구의 검은 패딩 한가운데에는 담임의 슬리퍼 자국이 선명하게 남아있었다. 코뿔소 학생 구타 사건이나 장구채 사건 등 크고 작은 교내 폭력 사건 덕에 언젠가부터 우리는 이런 일에 더 이상 놀라지 않았다. 우리는 교사들의 폭력에 점점 길들었고, 교사들은 폭력에 익숙해진 우리에게 매번 더 강한 폭력을 가했다.

공부 외에 모든 것이 통제되는 고3들은 공부 외의 모든 것을 욕망했다. 말리면 더한다는 말과 전쟁 중에도 사랑은 싹튼다는 말을 증명하듯, 선생님들의 통제를 피해 썸을 타고 연애를 하고 외모도 가꿨다(학교는 공식적으로 연애를 금지했다). 밥은 굶어도 외모 가꾸기는 포기하지 못한 '사춘기 소녀들'은 고데기와 화장품을 들고 다니며 틈날 때마다 찍어 바르곤 했다. 그러다가 누구 하나라도 화장한 걸 들키기라도 하는 날엔 모두가 소지품 검사에 대비해야 했다.

소지품 검사는 학년 부장이었던 담임의 주도로 이

뤄졌는데, 한 아이가 커다란 봉투를 들고 담임과 함께 각 반을 돌아다니며 가방과 서랍 속을 뒤졌다. 명품 화장품부터 값비싼 헤어 제품, 쌍꺼풀 테이프, 구두, 미니스커트 등, 담임 눈에 학생답지 못한 물건은 죄다 봉투에 담겼다. 모든 교실을 돌고 나면 비어있던 봉투는 곧 터질 만큼 부풀어 있었다. 그 물건의 행방 또한 알 길이 없어서 우리 사이에는 담임이 물건을 팔아 술값으로 쓰는 게 아니냐는 수군거림도 있었다.

3학년 1학기 중반쯤부터 묘한 소문이 돌기 시작했다. 담임이 여학생들을 불러내 이상한 행동을 한다는 것이었다. 언제, 어디서 시작됐는지 모를 그 소문은 여학생이라면 모르는 사람이 없을 정도로 퍼지고 있었다. 담임에게 불려 갔던 한 아이의 증언으로는 담임이 야간 자습 시간에 종종 '늘씬하고 몸매 좋은' 아이들을 따로 불러서 압수한 구두를 신게 한 뒤 테이블 위를 걷게 하고, 압수한 미니스커트를 입어보라고 말하기도 하고, 난데없이 허리둘레를 잰다며 포옹을 시도했다고 했다. 들으면서도 믿기 힘든 얘기였다. 뉴스에서나 보던 이야기가 내가 다니는 학교에서 일어났고, 그 이야기의 중심이 내 담임 선생님이라니. 성격이 괴팍하다는 건 알았지만 그렇게까지 질 나쁜 사람이라고는 생각한 적이 없었다. 하지만 여기저기서 나타나는 소문의 당사자들은 모두 내가 아는 얼굴들이었고, 그들의 증언은 거짓이라기에는 일관되고 명확했다.

피해자가 하나둘 늘어나면서 우리끼리 해결 방법을 찾으려고 애썼다. 담임을 둘러싼 소문과 우리의 움직임은 소리 없이 퍼져나갔고, 그 사실을 알게 된 몇몇 여성 선생님들은 우리 편에 서주었다. 그 후 우리 반 담임은 젊은 여성 교사로 교체되었다. 그것은 학생들이 싸운 결과였으며 내가 경험한 첫 승리였다. 그리고 그동안 누구도 알려주지 않았던 연대를 경험한 순간이었다.

성추행 가해자로 지목된 담임은 담임직에서는 물론 학년 부장 자리에서도 물러났다. 그러나 보직 해임만 됐을 뿐 계속 학교에 남았다. 교내에서 마주칠 때면 어떻게든 눈을 피하려 애쓰는 우리와 달리 담임은 웃으며 먼저 인사했다. 가해자가 피해자에게 인사하는 기이한 상황이 계속돼서 정작 피해자인 우리가 불편함을 감당해야 했다. 담임의 웃는 얼굴을 마주할 때면 담임직에서 물러나게 했다는 묘한 죄책감마저 들었다. 훗날 피해자와 가해자를 분리하는 것이 성폭력 사건의 가장 기본적인 조치라는 걸 알게 된 후에야, 학교가 우리를 피해자가 아닌 단순히 시끄러운 문제를 만든 학생이라 여겼다는 걸 알았다.

몇 년 전 한 선생님으로부터 그가 어느 학교의 교감으로 재직 중이라는 이야기를 들었다. 교감이 됐으니 학생들과 접촉할 일이 별로 없을 거란 생각에 잠시 안도했지만, 그가 여전히 학교를 누빈다는 사실이 안도감을 금세 밀어냈다. 그는 우리가 졸업한 후에도 후배들을 대상으로 성폭력을 일삼았다고 했다. 그의 근황을 전해주던 선생님은, 미투 운동 이전이었기 때문에 그가 무사할 수 있었다고, 시기가 그를 도왔다고 말했다. 큰일을 치르고도 변한 게 없다는 사실에 할 말을 잃었다. 그리고 범죄에 시기라는 게 있을까 생각했다.

폐쇄성 강한 학교 안에서 여성을 향한 범죄는 시대를 불문하고 항상 존재했다. 학생들의 올바른 인성

함양을 위한 학교 교육이라는 표어는 500여 명이라는 스쿨 미투에 연루된 교사의 숫자 앞에 무용해진다. 인성 교육은 누구에게 필요한 것인가. 직위를 이용해 위력을 행사하는 교사가 만연한 학교에서 무엇을 배울 수 있는가. 나와 친구들은 여전히 그를 학교 밖으로 끌어내지 못한 걸 후회한다. 그럴 때면 교감이 된 그가 당시의 일을 어떻게 생각할지 궁금해진다. 유별난 애들이었어, 하고 운이 나빠 겪은 해프닝쯤으로 생각할지도 모를 일이다. 우리가 졸업한 후 그가 다시 이전의 모습으로 돌아갔던 것을 보면 지금 그는 단지 자신을 숨기고 평범한 교사인 것처럼 행세하고 있을 뿐이다.

산다 서울 사람이 밖에도

사람이 산다 서울 밖에도

밖에도 **서울** 사람이 산다

서울 사람이 밖에도 산다

산다 서울 사람이 **밖에도**

밖에도 산다 서울 사람이

서울 **사람이** 산다 밖에도

사람이 서울 밖에도 산다

밖에도 사람이 **산다** 서울

서울 밖에도 사람이 산다

사람이 밖에도 산다 서울

우리를 연결하는 것은 각각의 존재다.

거기 있냐고 물으면 그렇다고 대답하는 것,

그것만으로도 내 옆에 누군가 있구나, 안도하고 위안 삼는다.

서울이 아닌 곳에서

어릴 때부터 책을 좋아했다. 유치원에 다닐 무렵엔 크리스마스 선물로 동화책 세트를 달라고 산타할아버지께 빌곤 했다. 간밤에 다녀간 산타할아버지의 선물은 동화책 한 권이 전부였지만 그래도 괜찮았다. 내년에도 크리스마스는 돌아올 테니까. 선물 받은 책은 모서리가 닳을 때까지 읽고 또 읽었다. 제 역할을 다한 책들은 낡고 빛바랜 채 책장에 차곡차곡 꽂혀 거대한 벽을 이뤘다.

엄마는 독서를 좋아하는 나를 데리고 종종 서점에 들렀다. 손이 모자라 턱과 어깨로 책을 받쳐 들고 오면 엄마는 그중에 꼭 읽고 싶은 책 몇 권만 다시 고르게 했다. 내가 원하는 책을 모두 사주지 못하는 엄마나, 풍족하지 않은 우리 집 형편을 원망하지는 않았다. 그 날 못 산 책은 다음으로, 다음이 안 되면 또 그 뒤로 미루면 됐다.

고등학교 시절 친구들은 나조차도 잊어버린 내 모습을 기억한다. 친구들 말에 의하면 내 책상 위에는 언제나 바셀린과 책이 있었다고, 그래서 나를 생각하면 바셀린과 책만 떠오른다고 했다. 그 시절 나는 건조한 피부 탓에 사계절 내내 바셀린을 들고 다녔는데 그 모습을 기억하는 듯했다. 바셀린은 그렇다 쳐도 내가 그렇게까지 독서광은 아닌데, 갸우뚱하다가도 방바닥은 물론 침대 머리맡에 잔뜩 쌓여있는 책을 보면 독서광인가 싶기도 하다. 성인이 된 후에도 돈 쓰는 곳은 항상 정해져 있었다. 책, 담배. 책과 담배만 있으면 어디든 천국이 될 수 있었다. 조지 오웰의 《책 대 담배》에서 "이렇게 값싸고 유익한 취미활동인 독서를 어떻게 하지 않을 수 있냐"는 내용이 있는데, 절로 고개가 끄덕여지는 대목이다.

그렇다 보니 자연스레 독서 모임에 관심이 생겼다. 혼자 읽기 힘든 벽돌 책을 독서 모임에서 완독했다거나, 어려운 책도 함께 읽으니 이해하기 쉬웠다는 글들을 보면 독서 모임을 안 할 이유가 없었다. 지인의 권유로 참여한 독서 모임은 두 곳이었는데 처음 갔던 곳은 내가 한 차례 참여한 뒤 사라졌고, 두 번째로 갔던 곳은 독서보다는 사교의 목적이 강해서 두세 번 참여한 뒤 탈퇴했다. 그 무렵 정치권 성폭력 문제를 비롯한 위력에 의한 성 비위 사건들이 연일 폭로되고 있던 때라, 나는 그 이야기들을 나누고 토론하는 일에 무척 목말라 있었다.

오래전부터 여성 단체나 페미니즘을 주요 의제로 다룬 정당에 후원했지만, 나와 비슷한 생각을 하는 사람을 포항에서 찾기란 어려웠다. 게다가 후원처의 행사는 약속이나 한 듯 모두 서울에서 열렸기 때문에 그곳에서 어떤 활동을 하는지 전혀 체감할 수 없었다. 홍보 포스터를 볼 때면 혹시 그들이 지방에도 사람이 산다는 걸 잊은 건 아닐까 하는 생각마저 들었다. 내가 나고 자란 포항은 사람도, 정치적 다양성도, 그런 다양성을 접할 기회도 적었다. 관심 있는 이벤트가 서울에서 열린다는 정보를 얻더라도 말 그대로 그림의 떡이었다. 서울과 포항을 오가는 데 10만 원이 훌쩍 넘는 비용은 파트타이머였던 내게 큰 부담이었다.

시간도 문제였다. KTX를 타도 왕복 6시간은 족히 걸리니 적어도 하루가 사라지는 셈이었다. 그때마다 내가 서울에 살았다면, 아니 서울 근처에라도 살았다면 어땠을까 생각했다. 문화적 궁핍이라는 연료는 오랫동안 품어온 포항을 떠나고 싶다는 내 생각에 불을 지폈다. 동시에 포항에서도 나와 비슷한 생각을 하고 같은 일에 갈증을 느끼는 사람들이 분명 있을 거라고 생각했다. 내가 참여할 만한 독서 모임을 다시 찾아야 했다. 생각보다 많은 독서 모임이 있었지만 대부분은 내 취향과는 거리가 먼 책을 읽고 있었다. 소외감이 외로움에 잡아먹힐 때쯤 이렇게 기다릴 바에 내가 만드는 것이 낫겠다는 생각에 무작정 독서 모임을 만들었다.

모임을 제대로 운영하고 싶었다. 서울에 살지 않

고, 남성이 아니고, 어리고, 돈이 없다는 이유로 늘 밀려나야 했던 우리의 이야기를 나누고 싶었다. 세상이 관심 갖지 않는 이야기를 하고 싶었다. 일하던 카페의 동료들에게 제안하는 걸 시작으로 SNS에 모임 홍보물을 게시했다. 나는 어떤 것에 관심이 있고, 어떤 종류의 책을 읽을 것인지에 대해서도 썼다. 머리만 아플 것 같은 내용의 책을 읽을 거라고 공지한 셈이다. 한 명도 안 오면 어쩌나 하는 걱정이 있었지만, 한 명만 와도 시작한다는 마음이었다. 여성만을 대상으로 한 데다, 페미니즘을 대놓고 드러낸 모임이 그동안 포항에 없어서였는지 심심찮게 문의가 왔다. 모임 참여를 떠나서 내가 관심 있는 분야에 흥미를 느끼는 사람들이 포항에도 있다는 걸 확인한 과정이었다.

첫 모임에 4명이 참석했다. 그간 느꼈던 외로움과 답답함이 무색하게도, 나와 함께 할 사람들은 생각보다 가까이에 있었다. 페미니즘뿐 아니라 사회가 주요하게 다루지 않는 담론을 독서로 공부할 것이라는 모임 취지대로 우리는 여러 분야의 책을 읽었다. 익숙지 않은 내용에 거부반응을 보이지는 않을까 걱정했던 내 염려와는 달리 모임원들은 스펀지처럼 책의 내용을 흡수했다. 나 역시 혼자라면 읽지 않았을 책을 모임 덕에 읽었다. 모임원들은 어쩐지 나보다 더 열정적으로 보였는데 바쁜 와중에도 며칠 만에 책 한 권을 금세 읽어내는가 하면, 읽고 싶은 책이나 가까운 지역의 페미니즘 행사 홍보물을 이따금 단체 채팅방에 올리곤 했다. 애초에 나는 포항을 벗어날 작정으로 캐나다 워킹홀리데이를 신청했고 독서 모임을 모집했을 때는 이미 최종 합격한 상태였다. 그런데 막상 독서 모임 인원이 늘고 안정적으로 운영되자 떠날 엄두가 나지 않았다. 그러나 포항보다 더 넓은 세상이 나를 기다리고 있는 것만 같았고, 캐나다로 가는 것이 포항에서 벗어날 마지막 기회일 것만 같았다.

아쉬워하는 모임원들을 뒤로한 채 예정된 출국 날짜에 맞춰 조금씩 짐을 꾸렸다. 출국이 보름 정도 남았을 무렵 코로나19가 세계를 집어삼켰고, 포항에도 확진자가 무더기로 쏟아졌다. 캐나다행이 좌절되었을 때 나는 웃어야 할지 울어야 할지 몰랐다. 그러다 나중에는 캐나다로 떠나지 못 한 상황이 차라리 잘된 일이라 여겼다. 과연 될까, 하며 시도한 독서 모임에 어느새 적지 않은 사람이 함께하고, 그 모임원들과 마음을 나누는 일을 포기할 수 없었기 때문이었다. 포항을, 지방을 떠나고 싶었던 마음이 오히려 이곳에 남아야 하는 이유가 된 것이다.

우리 모임을 두고 한 모임원은 '삶의 낙'이라 말했다. 남초 집단에서 일하며 숨 쉴 때마다 여성혐오에 노출되는 일상이 반전되는 유일한 때가 모임을 갖는 동안이라고. 나 역시 그런 마음으로 독서 모임을 만든 것이었기 때문에 굳이 말하지 않아도 모임으로 모여든 사람들의 일상이 투쟁이었다는 걸 알았다. 모임을 하면서 우리는 생각뿐 아니라 각자의 서사와 일상을 나누었다. 답답함을 토로하다 눈물을 흘리기도 했고, 누군가 좋은 소식을 전하면 내 일처럼 기뻐했다. 서로의 직업도 나이도 모른 채 만난 우리는 어느새 동지가 되어 있었다.

내가 책방을 연 뒤 각자의 생계 문제로 독서 모임은 종료됐지만 단체 채팅방은 누구도 이탈 없이 유지

중이다. 모임이 가장 활발했던 때만큼은 아니지만, 아주 가끔 서로의 안부를 묻고 무탈하다는 것을 확인한다. 이제 우리를 연결하는 것은 책이 아니라 각각의 존재다. 거기 있냐고 물으면 그렇다고 답하는 것. 그것만으로도 내 옆에 누군가 있구나, 안도하고 위안 삼는다. 글을 쓰다 보니 우리 모임원들이 보고 싶다. 여러분 거기 있나요?

지금 서울에 가면 가수를 볼 수 있을까? 생방송 가요 프로그램을 보다 문득 생긴 궁금증이었다. 빨랫감을 정리하던 엄마는 볼 수야 있겠지만 사람에 치여서 복잡하기만 할 거라고 말했다. 사람이 많은 게 대수인가, 연예인을 볼 수 있다는데!

그렇게 도착한 서울은 별천지였다. 목이 아플 만큼 고개를 젖혀야 꼭대기 층을 볼 수 있는 건물이 어디에나 있었고, 포항에는 단 한 곳뿐이던 번화가가 동네마다 있었다. 서울에서 처음 교통카드를 봤을 땐, 핸드폰에 카톡 앱을 깔아 채팅할 수 있다는 걸 알았을 때만큼

이나 놀랐다. 사람들이 저마다 교통카드를 찍고서 날쌔게 게이트를 통과하는 모습은 신세계나 다름없었다. 교통카드를 단말기에 갖다 댈 때마다 들리는 '삑삑' 소리마저 멋지게 들렸다. 내가 중학생 때까지만 해도 포항은 버스를 탈 때 현금이나 토큰을 내야 했다. 주머니에 넣어 둔 토큰을 잃어버려 난처했던 적이 한두 번이 아니었기 때문에 서울 사람들이 쓰는 교통카드가 무척 유용해 보였다. 지하철과 버스를 타고 바삐 움직이는 서울 사람들을 보면 나도 모르게 심장이 뛰었다. 어떤 에너지가 차오르는 듯했고 나도 뭔가 해야 한다는 조바심도 생겼다. 그들과 뒤섞여 걷다 보면 나도 서울 사람이 된 것 같기도 했다.

짧은 서울 구경을 마치고 돌아온 포항은 한산하고 적막했다. 자정이 되려면 한참이나 남았는데도 상점들은 간판 불을 끄고 문을 닫았다. 포항, 정확히는 서울이 아닌 곳에서 산다는 게 인생의 첫 번째 실패인 것처럼 느껴졌다. '서울에서 태어난 것도 스펙'이라는 말이 생기기 한참 전이었지만, 이미 나는 그것을 체감하고 있었다.

지방에서 나고 자란 사람이라면 누구나 한 번쯤 서울에서의 삶을 꿈꾸었을 것이다. 나는 아주 오랫동안 그걸 목표로 삼았다. 하루라도 빨리 '합법적'으로 포항을 벗어날 방법은 역시 대학교밖에 없었다. 친구들도 비슷한 생각이었는지 충분히 진학할 수 있는 지역 거점 대학보다는 서울 근처 작은 사립대 공지를 힐끔거렸다. 우리 학년 이후부터 포항에 고교평준화가 시행됐기 때문에 친구들과 나는 성적이 고만고만했다. 그래서 '인서울' 할 만큼 성적이 좋은 소수를 제외하고는 대부분 대구나 부산의 대학에 진학했다.

　　나는 스무 살이 되면서 대구로 갔는데, 한 다리 건너면 아는 사람이 나타나는 곳에서 두 다리 건너면 아는 사람이 나타나는 곳으로 간 것이었다. 학교에는 포항에서 온 친구들이 많았다. 좀 더 넓고, 좀 더 더운 포항 같은 느낌이었다. 그래도 포항 토박이였던 내 눈에 대구는 엄청나게 큰 도시로 보였다. 몇 분 간격으로 도착하는 버스나 지하철 덕분에 어디든 편하게 갈 수 있었고, 소극장도 몇 개나 있었다. 하나 있던 소극장마저 사라진 포항에서 문화생활 결핍에 시달렸던 나는 한이라도 풀 듯 매주 연극을 보러 다녔다. 유명한 뮤지컬 공연이 예고되면 그걸 보기 위해 아득바득 돈을 모았다. 배우들 얼굴이 콩알처럼 보이는 좌석이었지만, 뮤지컬 공연장에서 느꼈던 황홀감을 아직도 잊지 못한다.

원할 때마다 연극이나 뮤지컬을 볼 수 있는 것, 버스를 놓쳐도 몇 분 후면 다시 버스가 도착하는 것, 택시를 탔을 때 "시내로 가주세요."가 아닌 지하철역 이름을 말하는 것. 누군가에게는 일상이지만 나는 가져본 적 없던 것이었고, 그런 소소한 일화들은 내게 대도시의 맛을 선물했다. 그런 생활에 익숙해질 무렵 생각했다. 그래, 이게 삶이지! 아니 잠깐, 광역시도 이렇게 좋은데 특별시는 대체 얼마나 더 좋은 곳일까? 서울로 '가고 싶다'는 생각은 점점 서울로 '가야겠다'로 바뀌었다.

들끓는 열망과는 달리 나는 졸업 후에 포항으로 돌아왔다. 4년 만에 돌아온 포항은 여전했다. 도시의 맛을 알아버린 내게 포항은 그전보다 더 답답하고 따분한 곳이 됐다. 4년간의 대구 생활은 서울에 살고 싶다는 열망만 더 키워준 꼴이었다. 서울로 가고 싶었다. 지금 생각해 보면 그건 어린 날의 허영일 뿐이지만, 그때 내게는 그보다 더 중요한 건 없었다.

오랜 꿈은 노동조합에서 일하기 시작하며 어느 정도 실현되는 것 같았다. 내가 맡은 업무의 특성상 여러 지역을 다녀야 했는데, 특히 서울에 가는 날이면 작정이라도 한 듯 빼곡하게 일정을 짰다. 포항에서는 접할 기회가 없었던 강의나 포럼을 모두 찾아다녔다. 퇴근 후에 강의를 듣고 포항으로 오는 마지막 기차를 타면 자정이 훌쩍 넘어서야 집에 도착할 수 있었다. 피곤한 건 둘째 치고 시간이 너무 아까웠다. 내가 서울에 살았다면 포항까지 오가는 시간을 모두 내 것으로 쓸 수 있었을 텐데 하는 아쉬움이 컸다.

그 무렵 밤마다 계산기를 두드렸다. 내가 가진 돈으로 서울에서 살 수 있을까. 보증금과 월세를 내고 안정적인 직장을 구할 때까지 몇 개월이나 버틸 수 있을까. 계산기를 두드리고 두드려도 서울은 내게 문을 열어주지 않았다. 아무리 머리를 굴려 봐도 부모님 도움 없이는 서울에서 살 방법이 없어 보였다. 학생이라는

'명분'도 사라진 마당에 부모님께 손 벌릴 염치가 없었다. 한 번도 일을 쉰 적이 없는데 가진 게 이것밖에 없구나, 아! 나 서울 못 가는 건가…. 그제야 현실이 보였다.

　일찍이 서울로 이주한 친구들은 하나 같이 집 때문에 골머리를 앓았다. 임대 계약이 끝나 쫓기듯 이사하거나 여러 명과 한집에서 지내거나 오르막을 오르고 올라야 도착하는 곳에 살았다. 친구들은 울지만 않았다 뿐이지 매일 울고 싶은 얼굴이었다. 그러면서도 지방에서 탈출하라고, 서울로 오라고 말했다. 친구들의 격려(?)에 힘입어 캐리어를 펼쳤다가 닫기를 반복했다. 친구들 말대로 고시원에서 지내며 닥치는 대로 알바를 전전하면 그나마 '버틸 수는 있겠지' 싶었다. 그런데 내가 원했던 건 서울에서의 삶이었지 서울에서 버티는 삶은 아니었다.

　일련의 고민은 코로나의 등장으로 모두 사라졌다. 거리 두기가 시작되며 상점들이 문을 닫고 수많은 사람이 일자리를 잃었다. 나 역시 다니던 직장을 그만둔지 오래였다. 서울에서 살 돈을 벌기 위해 캐나다 워킹 홀리데이를 준비하던 때였는데, 이 또한 무산되며 포항에 발이 묶였다. 출국을 앞둔 예비 노동자에서 백수가 된 내가 할 수 있는 일은 없었다. 눈치 주는 사람은 없었어도, 눈치가 보여서 아르바이트라도 해볼까 싶었지만 대부분은 일주일에 하루 이틀, 하루 1~2시간만 근무할 초단기 아르바이트 노동자를 찾고 있었다. 게다가 웬만한 곳은 나이 제한을 써둔 탓에 지원조차 못했고, 나이 제한이 없는 일은 요양 보호사나 사무 보조, 간호조무사 등 주된 업무가 돌봄이거나, 남성을 보조하거나, 일정 자격이 필요한 직종이었다. 이렇게 일할 곳이 없는데 대체 포항 사람들은 무슨 일을 하며 먹고사는 건지 궁금했다.

암담했다. 일할 수 있는 신체와 열의가 있는데 일할 곳이 없었다. 문득 독서 모임에서 답답함을 토로하던 모임원들의 얼굴이 스쳤다. 매번 모임을 할 수 있는 카페를 찾아다니고, 시간에 쫓겨 대화를 마무리했던 기억도 떠올랐다. 시간 제약 없이 독서 모임을 할 수 있는 거점을, 내가 마련하면 어떨까? 생각했다. 다시 계산기를 두드리고, 고민을 거듭한 끝에 책방 겸 카페를 열었다. 코로나가 창궐하던 시기에. 조금은 무모하게.

책방이 생기길 기다렸다는 듯 사람들이 찾아왔다. 사람들은 내가 만든 디저트보다 독립 서적과 머물 수 있는 공간을 더 환영하는 듯했다. 그 마음이 어떤 건지 잘 알아서 마음이 급했다. 무언가에 목말라 있는 사람들이 굳이 타지로 눈을 돌리지 않아도 된다는 걸 알려주고 싶어서 서둘러 독서 모임을 꾸리고 운영했다. 한 개로 시작한 모임은 짧은 시간에 여러 개로 늘어났고, 독서 모임에 이어 글쓰기 모임까지 확대했다. 공지를 올리기 무섭게 마감된 것은 물론이고 포항 도심에서 멀리 떨어진 곳, 심지어는 다른 지역에 사는 사람도 참가 신청을 해왔다. 먼 거리인데 괜찮겠냐고 물으면, 그들은 거리는 상관없다고 답했다. 오래전 서울과 포항을 오갔던 내 모습이 떠올랐다.

모임에서 만난 사람들은 하나같이 '책방을 오래 지켜 달라'는 말을 덧붙였다. 그런 말을 들을 때면 책방이 모두의 공간으로 자리하기를 바라는 내 마음이 전해진 것 같았다. 하지만 통장을 확인하는 순간 사람들의 응원은 공허해진다. 인건비는커녕 더 이상 잉여자금이 없다는 사실을 생각하면 숨이 막힌다. 조물주 위 건물주라는 말을 누가 만들었는지, 그 천재성에 감탄할 뿐이다.

언제까지 책방을 지킬 수 있을까. 나조차도 장담할 수 없는 현실에 당장이라도 그만둘까, 오늘 그만두면 다음 달 월세는 굳겠지 생각했던 적이 있었다. 그런 생각을 하다가도 지방에 거주한다는 이유로 거대 양당이 아니고서는 선택지가 없었던 투표용지를 받아 들고 모든 칸에 기표하거나(이를 두고 권리를 포기한다고 생각하는 사람이 있는데, 나는 오히려 '너희 중에는 뽑을 사람이 없다'라는 유권자의 생각을 어필하는 방법이라고 생각한다), 소수 정당은 정당투표로밖에 지지할 수 없었던 그간의 선거를 생각한다. 그리고 책방을 찾아오는 사람들의 얼굴을 기억으로 더듬는다. 그들도 선택의 여지가 없던 투표용지를 들고 머뭇거리던 내 마음처럼, 절망 앞에서도 자신을 잃지 않으려고 애쓰다가 이곳까지 온 것이 아닐까 짐작하면서.

최근까지 꽤 많은 사람을 서울로 떠나보냈다. 이유는 다양했다. 직장, 학교, 느슨한 네트워킹, 찾아보기 힘든 문화공간…. 오랫동안 함께 지낸 사람들이 떠나갈 때면 서글픈 마음은 애써 감추고 '포항은 내게 맡기라'는 익살을 부린다. 하지만 상실감으로 생긴 내상은 쉽게 회복되지 않는다. 떠난 자리를 채워 줄 사람을 찾는 일은 언제나 고되고 버겁다. 하지만 안다. 아직 이곳에 남아 뭐라도 하려고 꿈틀대는 사람들이 있다는 것을. 그리고 그들 역시 나를 찾고 있음을. 우리의 움직임이 멈추지 않길 바라며 나는 오늘도 책을 읽고, 글을 쓰고, 이것을 나눌 사람들을 찾는다.

서울 밖
페미니스트

왠지 낯익은 남자가 책방 문을 열고 들어왔다. 그는 내 언니의 초등학교 동창이자 나의 동문이었다. 그와 나는 어린 시절 같은 학원에 다니기도 했는데, 이렇다 할 추억이 있는 건 아니어서 사실상 초면이었다. 언니와 비슷하면서도 다른 내가 흥미로운지 그는 언니랑 많이 닮았네, 이건 또 다르네, 하며 대화 내내 우리 자매를 비교했다. 대화 소재가 떨어져 갈 무렵 그는 책방 안을 돌아다니며 서가에 꽂힌 책들을 유심히 살펴봤다. 그러고는 오묘한 표정으로 물었다. "너 혹시 페미니스트야?"

나는 오래전부터 페미니스트였고 내 주변 사람 모두가 아는 걸 그만 몰랐으므로 '과연 우리는 초면인 게 확실하다'고 생각했다. '그렇다'고 대답하는 내게 그는 페미니즘이 무엇이라고 생각하느냐는 질문부터 '진짜' 페미니즘과 '가짜' 페미니즘에 이르기까지 많은 이야기를 쏟아냈다. 나는 토론하는 걸 좋아하고, 나와 정반대의 생각을 가진 사람과 대화하는 건 더 좋아한다. 그러나 그가 원한 건 대화도 토론도 아니었다. 어떻게든 내 신경을 건드려 내가 폭발하는 모습을 보는 게 목표인 사람 같았다. 내가 이렇다 할 반응을 안 보이자 그는 정말 페미니스트가 맞는지, 거짓말이 아닌지 재차 물었다. 그리고 자신을 페미니스트라고 대놓고 말하는 사람을 처음 본다고도 했다.

많은 남성이 렉카 유튜버의 입을 통해 페미니즘을 접하거나 페미니스트를 남성의 권리를 없애려는 세력이라 생각하는 데다 페미니즘을 대표하는 것이 탈코르셋이라고 여기니, 그가 내게 페미니스트가 맞냐고 묻는 것은 특별한 일이 아니었다. 게다가 여성 연예인이 어떤 책을 읽거나 영화를 봤다는 이유로 '페미니스트 논란'이 되는 건 예삿일이었기 때문에, 당당히 페미니스트라고 밝히는 내가 그의 눈에는 특이하게 보였을 수도 있다. 그는 또 원래부터 이런 '문제'에 관심이 있었는지도 물었다. 말투는 정중했지만 나를 바라보는 눈빛이나 삐딱한 자세는 '어쩌다 페미가 됐는지'를 캐묻고 있었다. 그리고 내가 진짜 페미니스트인지 끊임없이 확인하려고 했다. 계속되는 도발에도 시큰둥한 반응을 보이자 그는 한동안 말을 잇지 못하더니 다시 물었다. "너 남자 못 만나봤지?"

왜 페미니스트들은 연애하지 않는다고 생각할까. 페미니스트 중에는 비혼을 말하는 사람도 있지만, 그게 전부는 아니다. 비혼과 비연애는 다른 말인데도 결혼을 원치 않는 사람은 쉽게 비연애주의자로 평가되곤 한다. 물론 비연애주의자도 있겠지만 이 역시 전부는 아니다. 내가 페미니스트임을 밝혔을 때 종종 따라오는 질문이 있었는데 혹시 여자를 좋아하냐, 남자와 연애는 해봤냐, 같은 것들이었다. 어떤 의도로 하는 말인지 잘 알지만 애석하게도 나는 남자를 좋아한다. 꽤 자주 나의 성적 지향이 지금과 달랐으면 좋았겠다고 생각하지만 오랜 시간 고민해도 나는 시스젠더 헤테로 여성이다.

일부 남성들이 페미니스트를 비난할 때 나름의 논리를 근거로 하는데, 그 근거가 될 첫 번째 조건은 아마도 '페미니스트는 남자를 싫어하고 여자를 좋아한다'인 것 같다. 아, 아닌가? '못생기고 뚱뚱한 여자'가 첫 번째 조건이었던가? 예쁘고 날씬한 여성이 페미니스트라고 밝히면 남성들은 그럴 리 없다고 거듭 부정한다. 그건 페미니스트라면 당연히 못생기고 뚱뚱해야 한다는 그들이 만든 공식에 닿아있다. 나 역시 외모 품평에 오랜 시간 자유롭지 못했고, 그들이 정한 공식에 맞는 여성으로 낙인찍힐까 두려운 마음에 '샤이 페미니스트'로 지낸 기간이 상당하다. 외모를 품평하지 말라고 호소하는 페미니스트조차 외모를 평가당한다. 못생기고 뚱뚱한 여성들이 페미니즘 발언을 하면 기다렸다는 듯이 그 여성을 박제해 조롱하고 비난하며 조리돌림한다. 그러고는 말한다. '역시 페미니즘은 남자를 못 만나서 피해의식에 찌든 못생긴 여자들이나 하는 거야.'

나는 대학교 4학년 때 페미니즘을 처음 접했다. 우리나라에는 300개가 넘는 대학교가 있지만, 여성학을 가르치는 대학은 열 군데 안팎이다. 나는 운 좋게도 여성학 수업이 있는 대학에 다녔다. 4학년이 되면서 학교 출석이 귀찮아진 나는 대부분 강의를 온라인으로 들었는데 그때 여성학 수업을 처음 접했다. 여성학에 관심이 있었다기보다 학점 받기가 수월할 것 같아서 신청했던 기억이 난다. 그날도 영상만 켜둔 채 다른 수업의 과제를 하고 있었다. 귓바퀴에서부터 튕겨 나가던 교수의 말은 어느 순간이 되자 과제를 하느라 여념이 없던 나의 관심을 사로잡았다.

교수는 여성의 가사노동과 남성의 임금노동을 말하며 여성을 기본값으로 하는 가정주부가 생겨난 역사적 배경을 설명했다. 당연하다고 여겼던 성별분업이 사회가 만들어낸 발명품이었다니. 충격적이었다. 교수는 목소리 톤이나 표정 변화 없이 기계처럼 수업을 이어갔지만, 나는 디스패치가 단독 보도한 톱스타 열애 기사를 본 사람처럼 "진짜? 진짜?"를 허공에 외쳤다. 그 뒤로 나는 그 수업에 진심이었다.

그렇게 페미니즘을 만났다. 페미니즘은 내가 알던 세상을 무너뜨리고 다시 세웠다. 여성혐오가 시작된 곳이 어딘지 굳이 찾을 필요도 없었다. 서동요를 만든 건 서동이었지만, 여성혐오를 만든 건 우리 모두였기 때문이다. 지금이야 성별 갈등을 조장하는 말이나 문제를 조심스럽게 다루지만, 그때만 해도 언론과 예능 프로그램에서도 '김치녀' '된장녀' '개념녀' 같은 단어를 적극적으로 사용했다. 김치녀가 되지 않기 위해 말과 행동을 검열하고, 개념녀가 되기 위해 노력했던 시간은 내가 아니라 남성을 위한 것이라는 걸 페미니즘이 알려줬다. 그날 이후 나는 (거짓말 조금 보태서) 사회 분위기가 천지개벽 수준으로 바뀔 줄 알았다. 내가 그랬던 것처럼 수많은 여성이 페미니즘을 접하고 뚜렷한 깨달음 같은 걸 얻을 거라고 생각했다. 그건 역시나 우물 안 개구리 같은 생각이었다. 세상이 변하기는커녕 페미니즘의 피읖에도 관심을 두지 않았다. 특히나 지방에서는 더더욱.

포항과 서울의 시간은 다르게 흐르거나, 아예 다른

세상인 것 같을 때가 많았다. 2016년 강남역 인근 노래방 화장실에서 20대 여성이 살해당하는 사건이 있었다. 가해 남성은 화장실에서 대기하다가 남성 6명은 그냥 보내고 마지막으로 들어 온 여성을 '의도적으로' 죽였다. 그 사건으로 많은 여성이 '너'가 곧 '나'라는 걸 체감했다. 화장실에 간 게 '나'가 아니라서 '너'가 죽은 거라고. 살아남은 여성들은 단지 운이 좋았던 거라고 입을 모았다.

특정성별을 대상으로 한 혐오 범죄가 아니라는 경찰의 입장에 여성들은 분노했다. 광장에 모여 더 이상 여자를 죽이지 말라고 외쳤다. 갈라지고 쉰 목소리로 소리치는 여성들을 TV로 볼 때면 용광로처럼 뜨거운 분위기와는 사뭇 다른 포항의 평온함이 의아했다. 변방에서 홀로 피켓을 들고 있는 내가 초라하게 느껴졌다. 차라리 욕이라도 들었으면 좋겠다고 생각할 정도로 이곳 사람들은 그 사건에 아무런 관심도, 반응도 없었다.

페미니즘은 정치적인 담론임에도 어째서인지 포항에서만큼은 정치적 이슈에 포함되지 못했다. 상황이 이러니 무관심이 당연한 반응일지도 모른다. 서울에 모든 인프라가 집중되어 있다는 걸 감안하더라도 같은 하늘 아래 이렇게나 페미니즘의 온도가 다른 것을 언제쯤 이해할 수 있을까?

페미니즘이 시대정신이었던 시간을 지나 백래시 현상이 일고 있는데도, 페미니스트를 처음 본다던 그의 말을 떠올린다. 하지만 나는 안다. 내가 그랬던 것처럼 변방에서 홀로 피켓을 들고 있는 페미니스트들이 분명 존재한다는 것을. 서로의 존재를 믿고 있기에 외롭지도 두렵지도 않다. 이곳에 존재하며 이곳에서 필요한 일을 하는 우리는 서울 밖 페미니스트다.

이런 말
하면
안 되나요?

유튜브 채널 〈씨리얼〉에서 섭외 요청이 들어왔다. 내 역할은 이랬다. 자영업자가 겪는 어려움이나 문제를 당시 이재명 대통령 후보와 이야기 나누는 것. 이재명 후보와는 사전 협의가 된 상태이고, 나 말고도 다양한 분야의 사람들이 모여 대화하는 형식이라기에 큰 부담은 없을 것 같았다. 내가 구독하던 씨리얼에 출연하다니. 게다가 무려 대통령 후보와 대화할 기회라니! 오래 고민할 필요가 없었다. 섭외에 응하고 정확한 촬영날짜는 다시 전달받기로 했다. 촬영까지 얼마간의 시간이 있었기 때문에 나는 다시 일상으로 돌아왔다.

촬영 시기에 맞춰 책방 휴무일이나 독서 모임 일정 등도 미리 정리했다.

그 사이 모 남초 커뮤니티에 이재명 후보가 씨리얼에 출연하면 안 된다는 내용의 글이 올라왔다. 씨리얼이 페미 편향 매체라는 게 이유였다. 씨리얼은 페미니즘뿐 아니라 기후 위기, 산재 노동자, 영케어러 같은, 논의가 필요하지만 쉽게 접근할 수 없었던 내용들을 다뤄 온 채널이었다. 워낙 가짜뉴스가 판치는 세상이라 이번에도 별 무리 없이 지나갈 것으로 생각했다. 그런데 며칠 뒤 이재명 후보 캠프 측에서 커뮤니티 유저들과 지지자들의 항의 때문에 출연을 무기한 연기한다는 입장을 밝혔다. 아, 나 그러면 이재명 후보랑 대화 못 해보는 건가? 아니 그것보다, 이재명 후보는 그 말도 안 되는 내용을 믿은 건가? 설마? 진짜로?

이재명 후보는 끝내 씨리얼에 출연하지 않았고, 당연히 나의 출연도 무산됐다. 선거에서 표가 중요하다지만 협의된 일정을 일방적으로 취소해 버리는 그가 좋게 보일 리 없었다. 이런 이재명 후보를 비판하는 사람들이 많았지만, 그는 별다른 입장을 밝히지 않았다.

이런 얄팍한 선동에 휩쓸린다고? 너무 어처구니없어서 자꾸만 웃음이 새어 나왔다. 한편으로는 성폭력 피해자에게 '피해 호소인'이라는 괴상한 명칭까지 갖다 붙인 정당의 결정답다고 생각했다.

오랜만에 재미있는 일이 생기나 싶었는데 다시 팍팍한 일상으로 돌아갈 수밖에 없었다. 이런 내 마음을 읽은 건지 씨리얼 PD는 새로 기획한 콘텐츠에 출연해 달라고 했다. 그는 내 또래 청년으로 포항 출신이었는데, 포항을 벗어난 지방러와 지방에 남은 지방러로서 우리가 그동안 나눈 대화는 그에게 아이디어가 된 모양이었다. 그가 기획한 새 콘텐츠는 지방 소멸을 주제로, 지방러인 나를 인터뷰하는 것이었다. 포항에서 촬영한다기에 내가 서울까지 갈 필요도 없었다. 고민할 필요가 있나. 마음껏 이야기할 자리를 마련해준다는데.

뜨거운 조명과 카메라 몇 대가 설치되니 매일 머무는 책방인데도 낯선 공간 같았다. 이런저런 질문에 평소 생각했던 걸 꾸밈없이 말했다. 하고 싶은 말도 할 말도 많았다. 어떤 질문에 답을 할 때는 잠깐 망설이기도 했는데, 내가 하는 답변이 너무 정치적으로 보일까 봐 염려된 것이었다. 사실 지방 소멸 문제는 정치와 뗄 수 없는 부분이지만, 내 생각이 포항 사람 모두를 대표하는 것처럼 비칠까 봐 걱정됐다.

영상이 업로드된 날 밤 나는 댓글 창을 새로고침하며 시청자들의 반응을 기다렸다. 같은 지방러로서 공감한다는 댓글이 역시나 가장 많았다. 이미 따뜻한 날씨였지만 내 마음에 싫지 않은 온기가 더해진 듯했다. 그때 새로운 댓글이 올라왔다.

"… 포항에는 섹스토이숍도 있고, 인디영화관도 있습니다. 취업은 솔직히 개인 역량 같고요. 아무튼 포항 구린 동네 아닙니다. 인구가 50만 명이에요. 엄청난 인싸가 아니라면 한 다리 건너서 아는 건 좀 과장된 말이에요. 작년에는 써브웨이도 생겼어요. 내가 평생 산 곳이 저평가되니 기분이 안 좋네요."

10분 내외의 짧은 영상에 내 모든 생각을 담을 순 없을 거라 생각은 했어도, 내가 하는 말의 본질조차 이해하지 못하는 사람이 있을 거라고는 예상하지 못했다. 포항 토박이로서 느끼는 아쉬움과 문제를 말한 걸 두고 '저평가'로 받아들이는 게 의아했다. 섹스토이숍과 써브웨이가 있는 포항이라. 써브웨이 참 맛있다. 그 맛있는 샌드위치를 파는 곳이 포항에도 생겼다니. 그런데 써브웨이가 있다고 해서 지방 소도시가 서울이 되는 건 아니었다.

다른 유저가 내 답답한 심정을 대변하는 듯한 댓글을 달자 그 글에 다시 댓글이 달렸다. 그 글에서 어릴 적 친구와 싸울 때 지지 않으려고 무엇이든 갖다 붙이는 식으로 '나는 언니도 있는데? 사촌 동생도 많고 이모도 셋이나 있는데?' 하던 기억이 떠오른 건 왜일까.

서울에 놀러 갔을 때 어덜트토이숍을 구경한 적이 있었다. 언뜻 봐서는 펍이나 액세서리를 파는 가게처럼 보였는데 섹스토이숍이어서 꽤 놀랐다. 포항의 섹스토이숍이라 하면 노란색 시트지로 유리창을 도배해 놓고 '성인용품'이라는 문구를 써 붙인 곳이 전부였다. 그 안에서 파는 물품도 '토이'로 볼 수 없는 것들이 대부분이었다(그런 포항에도 몇 년 전 드디어 섹스토이숍이 생겼다). 내가 인터뷰 때 서울의 섹스토이숍은 개방적인 분위기인 데다 그 수도 많아서 놀랐다고 한 것을 두고 '포항에도 섹스토이숍이 있고, 써브웨이도 있다'라고 댓글을 단 건 어떤 의미일까. 서울 사람들이 흔히 볼 수 있는 섹스토이숍과 써브웨이가 누군가에게는 포항이 '구리지 않은' 이유를 설명하는 근거가 된다. 그러나 이런 공간이 청년들이 포항에 살고 싶게 만드는 역할을 다하지는 못한다.

그가 남긴 모든 말이 의아했지만, 그중에서도 특히 '취업은 개인 역량'이라는 말은 좀처럼 쉽게 넘길 수 없었다. 노력만 하면 다 되는 줄 알았던 시기가 있었다. 평균 수명을 기준으로 사람의 나이를 시간에 대입했을 때, 아침 7시 정도밖에 되지 않았던 때였다. 내 나이가 아침 7시라고 알려준 책에 나는 희망을 팔았다. 뭐든 할 수 있을 거라고 믿었다. 하지만 흙수저의 한계는 분명했다. 내가 생활비를 벌기 위해 고기 불판을 닦고, 손님들의 담배 심부름을 할 때 금수저 동기들은 두둑한 용돈과 해외 유학이라는 지원을 받았다. 바퀴벌레가 나오는 원룸에서 삼각김밥 하나 입에 욱여넣고 알바 시간에 쫓겨 뛰어다니는 날이 반복돼도 내 통장은 밑 빠진 독 같았다. 너도나도 말하는 '스펙 쌓기'는 나와는 상관없는 일이 되었다. 당장 생존하기도 힘든데 스펙은 무슨. 가끔 알바를 마치고 나와 같은 처지인 친구들을 만나 편의점 테이블에 앉아 냉동식품과 소주로 허기를 달랬다. 그리고 내일의 노동을 위해 각자의 원룸으로 돌아갔다. 누군가와 굳이 비교하지 않아도 취업은 쉬운 일이 아니었다. 뭐, 부모의 능력도 '개인 역량'에 해당한다면 할 말은 없다.

캐나다행이 좌절되고 당장 알바를 찾을 때도 그랬다. 최저임금이 오른 탓에 주휴수당을 주지 않을 작정으로 약속이나 한 듯 거의 모든 업장에서는 초단기 알바만 구했다. 하루 한두 시간 노동으로는 한 달 생계비를 충당하기가 힘들어서 여러 개의 알바를 해야 하나 고민했었다. 그 무렵 친구는 내게 공사장 일을 추천했다. 공사장에서 일하며 목돈을 모았다고도 했다. 여자도 일할 수 있다는 말에 공사장 취업에 필요한 것들을 준비했다. 이틀 정도 대면 강의를 듣고 안전교육 수료증을 받았다. 직종의 특성상 전국의 건설 현장이 잠재적 일터였다. 숙식을 제공한다는 곳에 이력서를 넣고 연락을 기다렸다. 그러나 어느 곳은 애초에 여자라서 안 된다고 했고, 어느 곳은 여자 숙소를 따로 마련해줄 수 없다고 했다. 안전교육을 수료하려고 들인 시간과 에너지가 아까워 몇 군데 더 이력서를 넣었지만 결과는 같았다. 여자인 나는 공사장에서 일할 수 없었다. 친구는 자신이 남성이었기 때문에 숙소 문제를 고려하지 못했다고 내게 미안해했다. 나만 이렇게 취업이 힘든 건가, 다들 어떤 일을 하며 먹고사는 건가, 궁금했다. 주변 사람들 상황도 별반 다르지 않았다. 서른이 넘어서도 아르바이트를 하고, 생활비 때문에 투잡을 넘어 쓰리잡을 뛰고, 일자리를 찾다가 지쳐서 다시 공무원 시험을 준비한다고 말하는 사람들. 그들도 나처럼 직장을 찾으려고 애쓰다가 매일 좌절한 끝에 최선의 방법을 선택한 것일지도 모른다. 이토록 분투하는 사람들에게 개인 역량에 취업을 맡긴다는 건 얼마나 무책임한 말인지, 노력만으로 역량을 만들 수 없는 상황인 이들에게 얼마나 냉혹한 말인지, 댓글 쓴 사람은 알고 있을까.

최근에도 어느 신문사와 인터뷰를 했다. 그날은 나를 포함한 두 명의 인터뷰이도 함께 자리했는데, 인터뷰 주제는 포항의 청년 유출이었다. 나는 포항의 일자리가 남성 중심의 고용으로 치우쳐 있어서, 나이와 무관하게 여성들이 일할 수 있는 곳은 비정규직이나 계약직으로 제한돼 있다고 말했다. 내 이야기를 들은 한 인터뷰이는 제 주변의 여성들은 대학에 근무하거나 영상을 기획하고 인테리어 디자이너도 있다며 여성들이 일할 수 있는 곳도 많다고 했다. 그 말을 듣는 순간 왜인지 씨리얼 영상의 댓글이 떠올랐다. 참았어야 했는데 입이 근질거려 그러지 못했다. 결국 나는 '그런 일을 할 수 없는 사람들도 포항 시민이라고. 어떤 자격을 갖추지 못한 사람들은 모두 질 나쁜 일을 해야 하느냐'고 물었다. 내 말에 그는 대꾸하지는 못했지만 그렇다고 수긍하는 것처럼 보이지도 않았다.

포항시는 낙동강 방어 전투를 치르던 군인들처럼 인구 50만을 지키려 애를 썼지만 소용없었다. 그 애씀은 포항시로 주소를 이전하는 사람들에게 지역화폐를 나눠주는 일시적인 정책에 한정됐다. 그 예산이 무려

50억 원에 달했다고 하는데 포항은 그 돈으로 인구 유출을 막을 수 있을 거라고 생각했을까? 그건 낮은 출생률을 지적하면서 자녀 한 명당 고작 몇십만 원을 쥐여 주고 출산을 채근하는 정부 정책과 닮아있다.

포항에는 마음먹으면 언제든 갈 수 있는 바다와 힘들이지 않고 오를 수 있는 야트막한 산이 여러 군데 있다. 심란한 마음을 가라앉히려고 멍하니 바다를 볼 때면 이것만큼 좋은 치료도 없다고 생각했다. 자연과 함께 평화롭게 사는 것도 나쁘지 않은 삶이라고 생각한 적도 있었다. 그러나 같은 사람이 세 번이나 시장을 연임하는 동안 우리 집 앞에 있던 작은 동산도, 나무가 빼곡했던 산도 무참히 사라졌다. 그 자리에는 아파트가 들어섰다. 포항시는 아파트를 짓는 것이 인구 유출을 막는 방법이라도 되는 양 산을 깎으면서까지 아파트를 지어댄다. 십여 년 전 생긴 어느 아파트는 제값을 주고 들어온 입주자들과 공실을 채우려 가격을 내린 건설사의 분쟁이 아직도 진행 중이다. 건설을 허락한 포항시는 뒷짐을 지고 구경만 한다.

인구는 계속 줄어드는 마당에 자꾸 아파트를 짓는 것은 인구 유출 해결에 도움은커녕 자연을 파괴하는 데 일조할 뿐이다. 아무리 팔은 안으로 굽는다지만, 내 고향이라고 혹은 내가 살고 있는 곳이라고 해서 문제마저 모르는 체할 순 없다. 지금껏 포항이 싫고 밉다고 생각했다. 하지만 내가 이토록 쓴소리하는 건 오히려 그만큼 애정이 있기 때문일지도 모른다.

최후의
1인

포항 여성회에 가입하고서도 줄곧 유령 회원으로 지냈지만, 왠지 그날은 꼭 같이 가고 싶었다. 가야 할 것 같았다. 차로 한참을 달렸는데도 내비게이션은 계속 조금 더 가라고 했다. 창밖에 보이는 거라곤 들판과 나무뿐이라 여기가 정말 포항이 맞나 싶기도 했다. 목적지에 도착했다는 내비게이션 안내에 어리둥절했다. 차에서 내려서도 집이 어디 있는지 몰라 한참을 두리번거리다가, 도로 옆 허름한 한옥으로 향하는 여성회 활동가들을 따라 걸었다. 말이 한옥이지 흙으로 만든 '집 모양'이라고 하는 게 적절할 것 같았다. 그곳에

박필근 할머니가 우리를 마중 나와 있었다. 작은 체구에서 나오는 쩌렁쩌렁한 목소리가 아직 건재하다는 걸 증명하는 것 같아서 마음이 놓였다. 활동가들은 준비해 온 생필품을 할머니 집 안에 하나둘 옮겼는데, 할머니는 익숙한 상황인 듯 빠진 것이 없나 꼼꼼하게 살폈다. 할머니는 오랜만에 사람을 만난 것처럼 쉴 틈 없이 이야기했다. 온 신경을 쏟아 할머니의 말을 이해하려고 애썼지만, 포항 토박이인 내가 들어도 뜻 모를 사투리가 많아서 겸연쩍게 웃을 수밖에 없었다. 할머니가 회장댁이라고 부르는 여성회 회장만이 할머니의 말을 찰떡같이 알아듣고 대화를 이어갔다. 마치 둘만 아는 비밀 언어로 신호를 주고받는 것처럼 들리기도 했다.

할머니의 텃밭에는 무엇으로 자랄지 알 수 없는 싹들이 돋아 있었다. 마루 한편에 낡은 화투가 있는 걸로 보아 평소에 텃밭을 가꾸거나 화투를 치며 시간을 보내시겠구나 짐작했다. 마디가 굵은 투박한 손으로 텃밭의 흙을 매만지고, 우두커니 앉아 화투패 짝을 맞출 할머니의 모습이 상상됐다. 할머니 집 외벽에는 '아들'이라는 글자 아래 전화번호가 적혀 있었다. 그것이

최후의 1인

105

아들의 전화번호를 잊을 당신을 염려해서인지, 혼자 사는 당신의 어떤 상황에 대비한 것인지는 알 수 없었다. 그냥 아무 이유 없이 써둔 것이길 바랄 뿐이었다. 할머니와 마트에 다녀오고, 잔심부름을 돕고 식사까지 하고 나니 반나절이 지나 있었다. 슬슬 돌아가야 할 시간. 일상으로 돌아가면 먹고살기 바빠질 테니 언제 또 할머니를 보러 올 수 있을까 싶었다. 아쉬운 마음에 나도 모르게 휴대폰을 꺼내 할머니 옆에 앉으며 말했다. "할머니, 우리 사진 찍어요." 무슨 사진이냐며 손사래 치실까 봐 걱정했는데 할머니는 흔쾌히 카메라를 응시하셨다. 셀카 모드로 바꾸고 할머니 쪽으로 몸을 슬쩍 기울이던 순간, 마치 내가 우리 강아지 순돌이를 끌어안듯 할머니가 나를 끌어안았다. 찰칵. 할머니와 얼굴을 맞댄 사진을 한 장 건졌다.

이제 돌아가야 한다는 말에 할머니는 재빨리 일어나 손을 휘저으며 얼른 가라고 했다. 귀찮은 일을 해치운 듯, 왠지 개운한 것처럼 보이기도 하는 할머니에게 내심 서운했다. 한 달에 한 번 여성회에서 방문하니 헤어질 때마다 눈물 콧물 짜는 것도 이상하겠다고 생각했지만, 오늘 처음 방문한 나로서는 서운한 마음이 드는 건 사실이었다. 차에 오르기 전, 할머니를 끌어안고 다음에 또 오겠다며 애교를 부렸다. 할머니는 연신 '알겠다'고 했지만 내 말을 믿는 것 같지는 않았다. 차에 시동이 걸리자 할머니는 눈가를 손으로 훔치며 잘 가라고 했다. 나는 할머니 얼굴을 똑바로 바라볼 수가 없었다. 사람들이 떠날 때마다 몰래 울었을 할머니가 그제야 보였다.

돌아오는 길에 먹구름 같은 매연을 뿜어내는 포항제철이 보였다. 한때 제철소와 가까운 동네에서는 빨래를 널어두면 옷이 새카매진다거나 비 내리는 날에는 제철소에서 더 많은 매연을 뿜어낸다는 이야기를 들었다. 포항제철 안에서는 해마다 노동자가 산재로 죽어나가고, 밖으로는 막대한 매연을 뿜어내 대기오염물질 배출량 전국 1, 2위를 다툰다. 널어둔 빨래에 쇳가루가 내려앉아도, 매연 탓에 기관지염에 시달려도, 노동자가 자꾸 죽어도, 그래도 포항제철은 포항의 자랑스러운 기업이라는 것을 부정할 포항 시민이 있을까. 나도 그랬다. 누군가 포항의 자랑거리를 물으면, 늘 첫 번째로 말한 것이 포항제철이었다. 하지만 그날은 어쩐지 제철소가 달리 보였다.

언제인지 기억나지 않지만 포항에 제철소가 어떻게 들어섰는지 알았을 때, 나는 무슨 말을 해야 할지 몰라 우물쭈물했다. 그전까지는 박정희 대통령이 경제 개발을 위해 포항에 제철소를 지어준 것이라고 생각했다. 그 덕분에 조선 시대에는 유배지에 불과했던 척박한 포항이 새로운 기회의 땅으로 성장할 수 있었다고 여겼다. 모두가 공평하게 가난하던 시절, 무슨 돈으로 제철소를 지었는지는 궁금하지 않았다. 내가 사실로 알던 것이 사실이 아닐 때 따라오는 건 민망함과 뒤얽힌 감정들이었다. 일본에 강제로 동원된 피해자들을 보상한다며 일본이 내놓은 돈이 박정희의 정치적 야욕으로 제철소 설립에 사용됐으리라고는 상상한 적도 없었다. 내가 성인이 될 때까지 그걸 알려준 어른은 아무도 없었다. 박정희 대통령 덕에 이만큼 사는 거라고 그를 찬양하기에 바빴던 어른들은 제철소를 이룬 식민 피해자들의 피와 눈물을 몰랐던 걸까.

포항제철의 이면을 알았어도 바뀌는 건 없었다. 포항제철은 위풍당당하게 그 자리를 지켰고, 여전히 포항을 넘어 경북을 대표하는 기업이었다. 내가 처음 느낀 복잡한 감정 역시 일상 너머에서 희미해졌다. 그리고 할머니를 만나고 온 날 포항제철을 보며 불쑥 떠오른 기억은 점점 선명해졌다. 반짝이는 네온사인을 두른 제철소는 할머니가 사는 흙집과 사뭇 대비돼 보였다. 우리는 모두 할머니들과 일제 강제 징용 피해자들에게 빚지고 있다는 죄책감이 마음 어딘가에서 새어나왔다. 글로벌 기업으로 성장했다고 자부하는 포항제철은 결코 위안부 할머니들의 진통제가 될 수 없었다. 오히려 포항제철은 회사 설립에 대일청구권 자금이 사용되지 않았다거나, 그 돈은 이자까지 쳐서 갚았다는 말로 희생자들의 상처에 소금을 뿌렸다.

　　다시 할머니 댁을 찾았을 땐, 할머니가 살던 흙집 옆에 새집이 들어서 있었다. 전보다 쾌적해진 살림에 할머니도 만족스러운 얼굴이었다. 포항시와 포항제철, 여러 단체가 기금을 모아 마련했다는 집이었다. 할머니가 새집을 갖기까지 60년 넘는 세월이 걸렸다. 그리고 더 오랜 시간을 기다린 일본의 사과는 아직도 받지 못했다.

대일청구권 자금으로 만들어졌다고 해서 포항제철이 할머니의 남은 삶을 책임져야 한다고 생각하지는 않는다. 포항제철이 할머니들 아픔에 시멘트를 발라 그 위에 지어졌다는 걸 사람들이 잊지 않기를 바랄 뿐이다. 얼마 전 친구에게서 포항제철이 어떤 돈으로 생긴 곳인지 이제야 알았다는 말을 들은 후에는 그 바람이 더 커졌다.

박필근 할머니는 경북에서 유일하게 남은 위안부 피해자다. 처음 할머니를 뵙기 전 여성회 활동가에게서 들었던 말은, 오래전 일을 이야기하기 싫어하신다는 거였다. 그런 할머니가 김학순 할머니의 증언으로 당신도 위안부 피해자라는 걸 밝혔을 땐 얼마만큼 용기를 냈는지 가늠도 할 수 없었다. 아흔이 넘은 나이에도 총명하고 건강하신 할머니지만, 피해 생존자들의 오랜 싸움에 찬물을 끼얹는 윤석열 정부 탓에 자꾸만 조급해진다. 정부가 바뀔 때마다 피해자들의 위치는 재조정됐다. 대통령이 안 돼도 위안부 문제를 해결하겠다던 윤석열은 대통령이 된 후 피해자들을 다시 과거의 시간에 가둬버렸다. 포항제철은 지금 정부의 입맛에 맞춰 피해자들은 원치 않는 피해 배상금을 일방적으로 내놓았다.

이 글을 쓰면서 할머니와 찍은 사진을 자꾸 들여다봤다. 필터를 사용한 탓에 나와 할머니의 양 볼이 발그레하다. 필터 기능을 신기해하면서도 사진이 잘 나왔다고 좋아하던 할머니가 다시 떠오른다. 여성회에 연락해 다음 달에 할머니를 만나러 가기로 했다. 할머니는 우리가 가면 화투패를 내려놓고 쩌렁쩌렁한 목소리로 반길 것이다. 그리고 사 온 물건들을 살핀 후에 텃밭을 자랑하고 수다스러운 소녀처럼 이야기를 쉬지 않을 것이다. 이제 나는 제철소를 볼 때면 할머니의 얼굴이 떠오른다. 포항제철과 할머니를 연결하는 순간을 더 많은 사람과 공유하는 한 그 역사는 망각의 바다에 휩쓸리지 않을 것이다.

태풍이
지나간
자리엔

태풍 정보는 매일 업데이트 됐다. 태풍의 크기는 어느 정도일 것이며, 언제 어디에 상륙 예정인지, 얼마나 파급력이 있을 것인지. 예방 주사라도 놔 줄 심산인지 TV를 틀면 힌남노에 대비해야 한다는 목소리만 들렸다. 하루 벌어 반나절 먹고사는 나로서는 태풍 때문에 쉬어야 하는 상황이 못마땅했지만, 그날만큼은 임시 휴무를 할 수밖에 없었다. 태풍 상륙 전날, 태풍을 예고했던 모든 언론이 의심스러울 만큼 바람은 고요했고 하늘은 맑았다. 괜히 휴무하기로 했나, 하는 마음이 일었지만 모처럼 얻은 자유에 늦은 밤까지 책을 읽었다. 완독까지 몇 장 남지 않았을 때, 누가 물을 퍼붓는 것처럼 비가 내렸다. 성난 구름은 이따금 소리를 질러 댔고, 그때마다 몸을 움츠리는 순돌이를 품에 안은 채 무사히 시간이 지나가기를 바랐다.

이른 아침, 책방에 물이 들어갔으니 와서 확인하라는 건물주의 전화를 받았다. 가고 싶어도 갈 수가 없었다. 쏟아진 비로 도로 곳곳이 물에 잠겨 교통이 통제된 상황이었다. 책방이 위치한 동네 상황을 알아보려고 포항 시민 커뮤니티에 접속했지만, 사람이 갇히고 차가 침수될 정도로 직격타를 맞은 동네 이야기로 가득했다. 유리창이 깨졌을까, 책이 젖지는 않았을까, 온갖 상상을 하며 발을 동동 굴렀다.

정오가 지나고 나서야 집을 나설 수 있었다. 도로 위 남아있는 물살을 가르며 책방으로 내달렸다. 도착했을 때는 건물주가 책방 뒤쪽 출입구를 비질하고 있었다. 그는 뒤쪽 출입구로 물이 들어와서 침수된 것 같다고 했다. 1층에 있는 4개의 상가 중 뒤쪽 출입구와 가까운 내 책방과 책방 옆에 있는 뷰티샵만 침수됐다는 사실도 알게 됐다.

건물주는 깐깐하고 인색한 사람이었다. 공동 화장실이 있는 복도의 불을 켜 두면 수시로 불을 껐고, 적지 않은 관리비를 내는데도 왜 상가 입주자가 돌아가면서 화장실을 청소해야 하느냐는 질문을 무시하기 일쑤였다. 화장실 전구가 나가 불을 켤 수 없는 날이 이어져도 전구를 교체해 주지 않았고, 문이 고장 나거나 비가 새 수리를 요구해도 들은 체하지 않았다. 그러면서도 세입자에게는 분리수거를 똑바로 해라, 퇴근할 때 복도 불을 꺼라, 하면서 이런저런 잔소리를 매일 늘어놓았다. 관리비를 받으면서 도통 무엇을 관리해 주는지 알 수 없었다. 그런 그가 어색한 표정으로 나를 따라다니며 해명하는 듯한 모습은 책방이 폭우로 침수된 것이 아니라 건물 자체의 결함 때문이라는 걸 의심케 했다. 1층 상가 중 두 곳만 침수됐다는 것도 의아했지만, 이미 한참 전에 나는 건물의 배수 공사가 잘못되었다는 배관업체 사장과 건물주의 대화를 들은 적이 있었다.

건물주는 빗자루를 든 채 나를 따라 책방 안까지 들어왔다. 뒷문으로 들어온 물이 앞문까지 찬 흔적이 있었다. 진흙과 벌레, 나뭇잎이 물과 뒤섞인 바닥을 보며 간밤의 소동을 가늠했다. 얼빠진 표정으로 책방 안을 확인하던 내게 건물주는 대청소한다고 생각하라고 말했다. 예상치 못했던 실언에 나는 풉- 하고 웃어버렸다. 위로도 위안도 아닌 그 말은 나를 놀리는 것 같았다. 줄곧 내 눈치를 살피던 건물주는 "돈 많이 벌어서 다음에는 물 안 새는 곳에서 장사하세요."라는 말을 남긴 채 돌아갔다.

코로나19가 창궐했던 2020년 초, 청도 대남병원은 코호트 격리 조치됐다. 코로나19로 국내 첫 사망자가 발생했던 곳이라 사람들의 이목이 쏠렸다. 내가 주의 깊게 보았던 건, 정신병동 안에 있던 환자 중 2명을 제외한 100여 명이 모두 감염됐다는 소식이었다. 사회의 안전을 위한다는 이유로 외부와의 접촉을 통제하고 집단 수용소처럼 운영되는 정신병동의 실태가 세상에 드러난 순간이었다. 제아무리 감염 속도가 빠른 코로나19라 할지라도 관리의 효율만을 고려해 만든 정신병동의 두터운 문을 넘지 못했다. 환자들은 사회와 분리되어 정신병동에 갇힌 존재였다.

헌남노가 상륙하기 몇 달 전 강남 일대를 마비시켰던 홍수 역시 대남병원의 상황과 닮았다. 물이 차오르는 반지하에서 빠져나오지 못해 죽어가던 사람들은 세상에서 밀려난 이들이었다. 마포구청장이 식사하는 사진과 함께 "꿀맛"이라는 게시물을 SNS에 올릴 때, 돈이 없거나 돈을 아끼려고 반지하에서 삶을 이어가던 사람들은 황망히 죽어갔다. 외신들과 몇몇 국내 언론은 영화 〈기생충〉과 같은 상황이라며 빈곤 문제의 심각성을 보도했다. 정신병동 환자는 집으로 돌아가고 싶어도 갈 수 없었고, 반지하 거주민들은 지상으로 가고 싶어도 올라갈 수 없었다. 재난은 모두를 덮쳤으나 도드라진 건 우리 사회의 어두운 단면이었다. 그리고 건물주의 말은 내 상황을 전보다 또렷하게 보도록 만들었다.

비 온 뒤 하늘이 맑다는 걸 알면서도 푸른 하늘이 그날따라 왠지 야속했다. 쨍한 햇살을 온몸으로 맞으며 혼자 세 시간 동안 바닥을 쓸고 닦았다. 뚝뚝 흐르는 땀이 바닥으로 떨어지는 걸 보았을 땐, 온몸으로 울고 있는 기분이었다. 매출의 대부분을 건물주에게 바쳐야 하는 날이 계속되면서 계약 기간이 끝나면 이곳을 떠날 것이라 생각했다. 그리고 침수 흔적을 지우며 반드시 떠나겠다는 다짐을 곱씹었다. 그런데 내가 정말 떠날 수 있을까?

자본주의는 돈 있는 사람이 계속 돈을 버는 구조다. 가만히 앉아 다달이 월세만 받아도 생활이 가능한 건물주에게 물이 새지 않는 곳으로 이사하는 일은 별것 아닐 수 있다. 그러나 물이 새도, 밤사이 들어온 거미나 콩벌레를 아침마다 쓸어야 해도 나는 쉽게 이사할 수 없다. 이사하더라도 고정비용을 줄이기 수월하도록, 내 삶이 가능하도록, 책방을 오래 지킬 수 있도록 지금보다 작고 외진 곳으로 가야 한다. 여건에 따라 이사는커녕 폐업해야 할지도 모를 일이다. 그렇게 통제와 효율 그리고 경제 논리에 의해 병동으로, 반지하로, 외진 골목으로, 휑한 거리로 사람들은 옮겨간다.

태풍이 지나간 자리에는 여전히 사람이 남아있다. 선택지가 없는 사람들은 떠나고 싶어도 갈 곳 없는 현실 앞에 망연해진다. 빈곤보다 안전의 프레임으로 사태를 봐야 한다는 일부 지식인들의 말에 동의하지 않는다. 인간은 자연 앞에 평등할지라도 재난 앞에서는 평등하지 않다. 안전 역시 기득권만이 누릴 수 있는 특혜라는 걸 인정해야 할 때다.

나는
일어설 수
있을까

　　같은 꿈을 반복해서 꾸던 시절이 있었다. 잊을만
하면 그 꿈을 꿨다. 눈 뜨면 기억에서 사라지는 보통의
꿈과는 달리 그 꿈은 잠에서 깨도 모든 장면이 선명하
게 떠올랐다.

　　꿈에서 나는 개미다. 개미 중에서도 일개미. 어두
운 땅속에 길고 긴 개미굴이 있는데 내가 그 길 위에
서 있는 것으로 꿈이 시작된다. 나는 종일 일한다. 매
일 일한다. 열심히 일한다. 어떤 날은 굴을 파기도 하
고 어떤 날은 뒷발로 뭔가를 굴려 나르기도 한다. 감시
하는 개미도 없는데 땀을 뻘뻘 흘리며 어두운 길을 바

삐 오간다. 나는 매일 여왕개미를 본다. 여왕개미는 크고 아름답고 우아하다. 시중드는 개미 여럿을 거느리고 일도 안 한다. 나는 곁눈질로 여왕개미를 훔쳐보며 생각한다. '아, 부럽다. 아, 예쁘다.' 밤이 되면 다른 개미들과 뒤섞여 잠을 잔다. 좁고 어둡고 답답해서 가슴이 뻐근해지는 게 꿈에서도 느껴진다. 아침이 되면 또 일한다. 종일, 매일, 열심히. 내가 일하는 동안 여왕개미는 잠을 잔다. 종일, 매일, 열심히. 그 모습을 보자 화가 난다. 나는 땅 파던 일을 멈추고 소리친다. "나 안해!" 나의 외침에 주변 개미들이 몽둥이를 들고 몰려온다. 시커먼 물결이 나를 향해 번져온다. 그 순간 내 몸이 점점 커진다. 여왕개미와 비슷하거나 더 큰 몸집이됐을 때 잠에서 깬다.

어릴 때 나는 이 꿈이 무서웠다. 내가 개미가 된것도, 이해할 수 없는 내용도 무서웠다. 꿈에서 깨면겁에 질려 엄마 품속을 파고들었다. 중학생이 된 후로개미 꿈을 꾼 적은 없지만 꿈의 내용은 선명했다. 성인이 된 지금에야 꿈의 의미를 알 것도 같다. 그건 그러니까, 아무리 일해도 바뀌지 않는 나의 삶을 미리 알려췄던 예지몽이 아니었을까.

고등학교를 졸업한 후로 제대로 쉬어 본 적이 없었다. 번화가의 술집에서 아르바이트할 때, 나는 여자라는 이유로 500원 적은 시급을 받았다. 나보다 500원을 더 받던 남자들은 담배를 피운다며 자주 자리를 비웠다. 시급 몇천 원에는 나의 자존심과 비위, 두려움과 고통 등이 포함돼 있었다. 이곳저곳에 널린 토사물을 치우고 테이블에 안주 접시를 놓다가 담뱃불에 손을 데고 담배와 초코우유 심부름을 했다. 천 원짜리 두어 장을 팁이라며 내 가슴팍에 꽂는 중년도 있었다. 나를 고용했던 중년의 사장은 그 광경을 보고 '팁 받아서 좋겠다'고 말했다. 겨드랑이가 축축해질 정도로 뛰어다니다 보면 새벽이었다. 택시 할증 요금이 아까워서 매일 한 시간이 넘는 거리를 걸었다. 누가 따라올까 봐 겁나서 이어폰도 끼지 못하고 잰걸음으로 발길을 재촉했다.

액세서리를 판매할 땐 몸은 편했지만 마음이 불편했다. 매니저는 일종의 '세일즈 매뉴얼'을 달달 외우게 했는데 그건 반 이상이 거짓말이었다. 단순히 '손님 너무 잘 어울리세요, 딱 손님 물건이에요' 수준이 아닌 제품의 원재료를 바꿔 말해야 하는 정도였다. 시급 몇 천 원 받고 이젠 사기까지 쳐야 하나 싶었다. 거짓말에 재능이 없던 나의 판매 실적이 엉망인 건 당연했다.

일했던 곳의 사장들은 하나같이 책임감과 가족 같은 분위기를 요구했다. 그건 서서히 내 몸에 스며들어 나중에는 자연스럽게 몸이 먼저 반응했다. 바쁘면 내가 돈을 버는 양 이리저리 뛰어다녔고 한가하면 사장 눈치를 살피며 매출을 걱정하기에 이르렀다. 사장이 얼마를 벌든 내 급여는 정해져 있는데도, 누가 보면 사장이 진짜 내 가족이라도 되는 것처럼 일했다. 몇천 원의 시급에는 나의 노동력과 시간과 감정과 생각 같은 수당이 포함되어 있었다. 물론 오늘 특히 감정적으로 '더' 힘들었다고 해서 돈을 더 받지는 못했다. 참으로 포괄연봉을 닮은 포괄시급이었다.

최저임금은 더디게 올랐다. 이마저도 안 주는 곳이 대부분이었고, 일주일에 15시간 이상 일해도 주휴수당을 받아본 적이 없었다. 법을 몰라서 그랬고, 다들 그렇게 받으니 그런가 보다 했다. 법은 멀었고 사장은 가까웠다. 대부분 사람이 노동자의 삶을 살 테고, 노동자로 살면서도 최저임금을 올리자는 논의가 시작되면 반대하기에 급급했다. 급여를 받아 먹고사는 노동자이면서도 돈으로 사람을 사는 사람들을 염려하는 마음이 이해되지 않았다. 노동조합에서 나온 후 다시 직장을 구해야 했을 때, 구인 사이트의 수많은 채용 글이 대학생 때 봤던 그것과 닮아있었다. 월급만 봤을 때 괜찮다 싶으면, 주말에도 일하거나 야간 노동을 하는 곳이었다. 정작 계산해 보면 최저임금에 미치지 못하는 셈이었다. 그런 방식으로 교묘하게 법을 어기는 곳은 '굳이' 찾을 필요도 없을 만큼 차고 넘쳤다. 고용노동부에서 관리하는 구직 사이트도 다르지 않았다. 실업급여를 받던 시기, 구직활동 자료를 내러 고용지원센터에 갔을 때 '최저임금도 안 주는 곳들이 많다고, 노동부에서 관리하는 곳도 똑같다고, 이런 업체들은 모두 불법 아니냐'고 물었다. 담당 공무원은 관리한다고 하지만, 모든 글을 확인할 수 없다고 말했다. 최저임금조차 받지 못하는 삶은 그들에게 남의 일이었다.

내 노동력에 가격을 매긴 것이 급여라면, 나도 그 가격을 함께 정할 권리가 있다고 생각했다. 그런 생각을 나누는 사람들이 모이는 곳이 노동조합이라고 배웠다. 나를 포함해 두 명만 있어도 노동조합을 만들 수 있다지만 다른 한 명을 찾기란 쉽지 않았다. 고강도 노동에 지치면 우스갯소리로 '노조라도 만들어야 하나'라고 떠드는 사람들은 있었지만, 정작 행동하는 사람은 없었다. 먹고살기도 바쁜 사람들의 일상을 비집고 들어갈 틈이 보이지 않았다. 그래서 다른 방식을 찾았다. 당장 어떤 결과를 만들기보다는 사람들 마음에 작은 불씨를 일으켜 보기로 했다. 독서 모임에서, 글쓰기 모임에서, 단골손님과의 대화에서 불씨들은 이리저리 이동했다. 세상에 당연한 건 없다고, 우리는 지금보다 나은 삶을 살 권리가 있다고 말할 때 반짝이던 사람들의 눈을 기억한다. 언제고 끄떡없을 것만 같던 권력이 횃불로 변한 수백만의 촛불 앞에서 무너져 내린 것처럼, 사람들 마음에 불씨가 꺼지지 않는다면 더 나은 내일이 반드시 오리라 믿었다.

18세였던 라보에시는 16세기 프랑스 절대 왕정 시

기에 《자발적 복종》이라는 책을 썼다. 그는 책에서 "독재자가 커 보이는 것은 그의 무릎 아래 있기 때문이다. 우리가 일어선다면 그는 더 이상 우리 위에 있지 않을 것이다."라고 말한다. 그의 말은 어디에나 권력이 살아 숨 쉬는 지금도 유효하다. 그동안 이해하지 못했던 어릴 적 그 꿈은 라보에시의 말에 닿아있다. 일개미였던 현실이 당연한 것이 아니란 걸 알아챈 순간 내 몸이 커진 것은 그간 꿇고 있던 무릎을 펴고 자리에서 일어난 것일 테다. 꿈이 끝나기 전 몸이 커진 나는 여왕개미가 두렵지 않았다.

물론 지금도 나는 일개미처럼 일한다. 내가 건물주를 위해 일하는 건지 나를 위해 일하는 건지 헷갈릴 때도 많다. 1인 사업장을 운영하는 자영업자는 사용자이면서도 노동자이니 참 애매한 위치다. 다만 나는 이런 라보에시의 말과 의미를 많은 사람이 알고 자신의 현재 위치를 가늠할 수 있기를, 반드시 그러기를 자꾸 바라게 된다. 자신이 노예이길 바라는 사람은 아무도 없을 테니 말이다.

° 그 섹스는 강간이다 °

° 모르면 외우자, No Means No! °

° 그건 정말 Benefit이었을까 °

° 얼굴 뜯어먹는 연애의 말로 °

벤츠는 없다 벤츠는 없다
벤츠는 벤츠는 없다 없다
없다 벤츠는 벤츠는 없다
없다 **벤츠는** 없다 벤츠는
벤츠는 없다 없다 벤츠는
없다 없다 벤츠는 벤츠는
없다 벤츠는 벤츠는 **없다**
없다 벤츠는 없다 벤츠는
벤츠는 없다 없다 벤츠는
없다 없다 벤츠는 벤츠는
벤츠는 없다 벤츠는 없다

우리는 그 일에 있어서만큼은 공범이었으나

어쩐지 그의 손가락은 나를 향했다.

이 일의 모든 책임이 나에게 있다는 듯이

그 섹스는
강간이다

"아 잠깐만. 이게 왜 안 들어가지?"

당황하며 허둥대는 H에게 안 하면 안 되냐고 물었다. 씻지 않은 손가락이 나를 만지는 것도 싫었고, 싫다는데도 어떻게든 해보려는 그가 무서웠다. 첫 섹스에 환상이 있었던 건 아니지만 그렇다고 구린 걸 원한 것도 아니었다.

자신을 '밤의 황제'라고 말하던 H는 내가 섹스 경험이 없다는 사실을 안 뒤부터 적극적인 관심을 보였다. 처음부터 그에게 호감이 있던 내가 그걸 놓칠 리없었다. 나를 향한 다정함이 순수한 의도가 아닌 걸 알면서도 애써 모른 척했다. 그와 연애를 시작하고서도 나는 '잡힌 물고기'가 되지 않아야 한다는 강박에 자주 사로잡혔다. "남자에게 줄 때 주더라도 최대한 늦게 줘라"거나 "비싼 여자가 남자의 애간장을 태운다"는 인터넷 글들을 읽으며 '쉬워 보이지 않는 여자'가 되는 방법을 학습했다. 그래야만 내 자존심을 지킬 수 있을 것 같았다.

그날의 상황 역시 그에게는 계획이었을지 몰라도 내게는 돌발행위에 지나지 않았다. 갑자기 숨을 헐떡이는 그의 모습에 잔뜩 겁먹고 에둘러 거부 의사를 밝혔다. 더 웃긴 건, 겁먹은 상황에서도 그가 상처받거나 우리의 관계가 전과 달라질까 봐 걱정하는 나였다. 그래서 정색한 얼굴로 거절하는 대신 주저하며 말하는 쪽을 선택했다. 그러나 그는 나의 동의를 구하지 않고 섹스를 했다. 그건 강간이었다.

이렇게 형편없는 걸 사람들은 왜 할까? 라는 생각이 줄곧 들었다. 몸도 기분도 언짢았다. 어떠냐는 질문에 아프다고 했더니 그는 더 싱글벙글했다. 그러더니 계속하면 나중에는 괜찮아질 거라고 말했다. 그게 날

위한 말인지 자신을 위한 말인지 아리송했지만 '밤의 황제'의 말이니만큼 어색하게 웃을 수밖에 없었다.

계속하면 괜찮아질 거란 말은 역시나 그 자신을 위한 말이었다. 그와의 섹스는 언제나 제대로 된 애무도 대화도 없었다. 그건 마치 결승지점을 통과해야만 하는 달리기 같았다. 애무 없이 시작된 섹스는 고통스러웠고, 아파서 내는 소리를 그는 신음으로 착각했다. 내가 소리를 낼 때마다 왠지 그는 기분이 좋아 보였다. 그의 기분을 맞추기 위해 나는 '야동'에서 여자들이 내던 소리를 생각하며 신음을 연기했다. 섹스 후에 그는 늘 '좋았냐'고 물었고 나는 '좋았다'고 답했다. 그건 줄곧 보고 들었던 '남자를 기죽이면 안 된다'라거나 '남자는 여자 하기 나름이다' 따위의 말을 체화한 결과였다. 언제나 그를 만족시킨 내 대답은 그를 자신이 정말 '밤의 황제'인 줄 착각하도록 만들었다. 그가 콧노래를 부르며 씻는 동안 나는 다음 생리 날짜를 체크한 뒤 멍하니 천장의 무늬를 눈으로 세곤 했다.

'밤의 황제'는 종종 '낮의 황제'처럼 행동하기도 했

다. 룸 카페에서 내 옷 안으로 손을 집어넣는가 하면, 공원 벤치에서도 바짝 붙어 앉아 내 몸을 만졌다. 그때마다 수치감이 든 것은 물론 누가 볼까 두렵기도 했다. 그 와중에도 '내가 거부하면 이 사람이 상처받겠지?'라는 생각이 머리를 떠나지 않았다.

종종 그의 친구들을 만나기도 했는데, 그들은 마치 우리가 언제, 어떤 체위로 섹스했는지 안다는 듯 너스레 떨며 이죽거렸다. 그때마다 나는 공공의 애인이 된 것 같은 기분이었다. 설마 그런 사적인 부분까지 친구들과 공유할까 싶었지만, 언제부턴가 그와 잘 때마다 혹시 카메라를 숨겨 두지는 않았을지 걱정했다. ○○녀, ○○동 아줌마 등의 제목이 붙은 불법 촬영물이 판을 치는 마당에 내 걱정은 결코 괜한 것이 아니었다.

그와 헤어진 뒤 불현듯 몰래 찍은 영상이 진짜 있는 건 아닐까 하는 생각이 들었는데 상상만으로도 끔찍했다. 끔찍하다는 말로밖에 설명할 수 없는 마음이 참담했다. 도저히 진정되지 않는 날에는 야동 사이트에 접속해 몰카로 보이는 수많은 영상을 클릭하며 내가 있는지 찾기도 했다. 그때 나는 동의 없이 섹스 영상을 찍는 게 불법인 줄 몰랐다. 불법이라면 그렇게 많은 영상이 있을 리가 없다고 생각했다. 불법이라 해도 작정하고 숨겨 둔 카메라를 찾아내기란 쉽지 않아서 혹시나 나를 찍은 영상이 어딘가에 떠돌고 있지 않을까 초조했다. 한참 영상을 뒤지던 나는 어느 순간 영상 속 여성들의 생사가 궁금해졌다. 한때는 연인이었던 여성의 구체적인 신상정보까지 까발린 영상을 보았을 때, 그녀가 부디 살아있기를 기도했다.

'밤의 황제'와 연애 후 내게 남은 것은 불안과 고통이었다. 그것은 원치 않은 섹스를 경험한 내가 받은 형벌이었다. 내 섹스 영상이 있을 것만 같은 불안, 그리고 계속해서 복제되고 재생산되는 불법 촬영물 속의 여성들을 마주하는 고통이 그것이었다.

난데없이 숨을 헐떡이며 내 몸을 만지던 그날처럼, 그는 어느 날 갑자기 내게 이별을 고했다. 충분히 예상했던 터라 일상이 무너지는 듯한 후폭풍은 없었다. 다만 내가 그에게 '따먹힌 처녀'로 안주처럼 소비될 앞으로의 날들이 분할뿐이었다. 그러면서도 '걸레'보다는

'처녀'가 낫다고 키득대거나, '처녀'가 분명한데 좀처럼 '대주지 않는다'고 이야기하는 남성들을 보면서 내가 위치할 자리를 이리저리 가늠했다.

어느 날 친구들과 나누던 대화가 어떻게 섹스 이야기까지 흘러갔는지 모르겠지만, 여하튼 그렇게 시작된 대화는 우리가 그간 겪은 섹스 성토대회가 되었다. 우리의 경험은 놀라우리만큼 비슷했는데, 이를테면 제대로 된 전희 과정 없이 시작되는 섹스나 좋은 척 표정과 소리를 연기하는 것이 그랬다. 긴 대화 끝에 애인을 만족시켜 주는 방법을 공유하는 친구들의 모습에, 문득 우리는 한 번도 섹스로 만족을 얻은 적이 없었다는 사실을 알게 됐다. 그리고 여성은 남성에게 만족감을 주어야 하는 사람으로만 존재하는 건지 고민했다. '남친이 더 좋아하는 옷' '남자를 유혹하는 향수' '키스를 부르는 틴트'의 수식어를 붙인 채 판매되는 상품들은 여성의 모든 행위가 남성을 위한 것이 되도록 길들이는 것은 아닌지, 고분고분하고 유순한 여성이 사랑받는다는 사회적 학습으로 잠자리에서까지 여성은 남성의 비위를 맞추게 된 건 아닌지 생각했다. 그리고 지난 연애를 복기하며 애인 앞에 선 내 모습은 진짜 나였는지 생각했다.

그 후 대단한 결심이나 어떤 다짐을 하지는 않았지만, 스스로 약속이나 한 것처럼 있는 그대로의 나를 잃지 않으려 했다. 애인이 될 사람이든, 애인이든, 파트너든 누구와의 관계에서도 나는 성적 취향을 상대와 공유하고 성적 욕망을 드러내며 솔직하게 행동했다. 서로 주고받는 피드백은 양쪽 모두의 만족도를 높이는데 꽤 많은 도움이 됐다. 감정과 생각을 가감 없이 표현하는 나로 인해 상처받은 파트너들도 있었지만, 몇몇은 솔직하게 말해주는 게 낫다는 이야기를 전하기도 했다. 하루아침에 변한 내가 스스로 생각해도 신기한데, 가만 생각해 보면 성적 욕망에 눈을 떴다기보다는 원래 갖고 있던 성적 욕망을 표출한 것이 맞을지도 모른다.

나의 신음을 들으며 어쩐지 흐뭇해하던 H의 얼굴이 선연하다. 그게 고통인 것을 모른 채, 누군가의 처녀 딱지를 떼 준 적이 있다고 자랑하듯 말할 나이 든 그의 모습이 그려진다. 발전을 거듭했던 내 연기 실력이 그의 정체성 확립에 작게나마 기여했으리라 생각하기에, 업보 청산을 위해 이제라도 말하고 싶다. 밤의 황제? 너는 황제가 아니었다.

모르면 외우자,
No Means No!

유튜브와 인스타그램이 주목받기 전에 페이스북이 있었다. 페이스북에는 웬만한 포털사이트보다 더 많은 정보가 떠다녔다. 연락이 끊긴 친구의 일상도, 몰랐던 뉴스나 아직 방송되지 않은 뉴스까지도 내 방에서 모두 확인할 수 있었다. 가까운 친구들과 소통하는 창구에 불과했던 SNS가 얼굴도 모르는 사람들과 의견을 주고받는 공론의 장이 됐던 건 그때부터였다.

대학 시절 자취방엔 TV가 없었다. 고등학생 때부터 받아보던 신문도 생활비가 부족해 구독을 중단한 상황이라 대부분의 뉴스를 페이스북으로 확인하곤 했다. 눈뜨자마자 페이스북 앱을 켜는 것으로 하루를 시작했다. 특정 뉴스에는 유독 댓글이 많이 달려있었는데, 주로 젠더 관련 뉴스나 정치 뉴스였다.

댓글 창은 칼이나 총 대신 손가락으로 싸우는 전쟁터였다. 사람들은 어떻게든 자신과 의견이 다른 누군가에게 상처를 주려고 애쓰는 것처럼 보였다. 어떻게 해야 더 기분이 나쁠지, 어떤 말을 해야 상대가 더 모욕감을 느낄지 잘 아는 것 같았다. 조금 지나면 본질은 사라지고 서로를 공격하는 날 선 문장들만 남았다. 조롱과 희롱으로 얼룩진 댓글들을 처음에는 무시했지만, 상식적으로 쓴 댓글도 묻지마 식 비난으로 조리돌림당하는 걸 계속 두고 볼 수만은 없었다. 결국 나도 전쟁에 뛰어들었다.

내가 어떤 댓글을 작성하면 빠르게 새로운 댓글이 달렸다. 사진과 본명을 걸어둔 계정도 있었지만, 철저하게 자신을 숨긴 채 욕설을 퍼붓는 계정이 더 많았다. 어떤 사람은 부지런히 내 계정을 들락거리며 내 신상을 댓글에 쓰고는 빈정거리기도 했다. 털어도 털릴 게 없는 신상이라 타격감은 없었지만 불쾌한 건 어쩌지 못했다. 한편으로는 남다른 정의감으로 나를 두둔하거나 도와주려는 사람들도 있었다. 그중에는 내게 친구 요청을 하는 사람도 더러 있었는데, 비공개 계정이 아니면 수락하곤 했다.

나처럼 대구에서 대학을 다닌다는 K도 그렇게 내게 친구 요청을 해왔다. 그와도 여느 랜선 친구들이 그렇듯 활활 타오르던 댓글 창이 잠잠해지면 어느 한쪽이 친구를 취소하거나 서로의 피드를 보기만 하는 관계가 될 줄 알았다. K는 정치 문제에 무척이나 열정적으로 보였다. 행여라도 내 계정에서 자신의 견해와 다른 댓글을 발견하면 내게 댓글을 달아도 되냐는 허락을 구하곤 했다. 그건 내 지인일 수도 있는 누군가에게 자신이 댓글을 달면, 내가 불편할 수도 있다는 염려에서 나온 것이었기 때문에 가능한 일이었다. 언뜻 사소해 보이지만 그런 과정에서 그의 세심한 배려를 느낄 수 있었다. 사실 인터넷상에서 그런 질문을 받은 게 처음이어서, 그는 내게 특별히 예의 있고 매너 있는 사람으로 다가왔다.

그 무렵 나는 복학한 지 얼마 되지 않은 시기여서

그동안 까먹은 학점을 만회하느라 과제와 시험에 몰두해 있었다. 시험을 끝내고 오랜만에 페이스북에 로그인했을 때 안부를 묻는 K의 인사로 우리는 오래 대화를 나눴다. 그 대화에서 알게 된 건 그가 나보다 한 살 더 많다는 것과 내가 생각했던 것보다 정치나 사회문제에 더 관심이 많다는 것이었다. 어떤 질문에도 막힘 없이 대답하는 그는 무언가를 고민하고 탐구하는, 교양 있는 대학생처럼 보였다. 그가 아는 것을 나도 알고 싶다고 생각했을 때, 그는 내게 만나자고 말했다. 그와 친해지면 나도 그처럼 똑똑해지지 않을까 하는 마음에 덜컥 약속을 잡았다.

막상 약속 날짜가 다가오자 겁이 났다. 얼굴도 모르는 그를 어쩌자고 만나기로 한 건지, 이제라도 약속을 취소해야 하나 고민했다. 같은 수업을 들으며 친해진 선배는 내 이야기를 듣고는 선뜻 같이 가주겠다고 했다. K는 셋이 만나는 데 흔쾌히 동의했고, 나는 그 답을 듣고 나서야 안심할 수 있었다.

신기하게도 그는 나를 한눈에 알아봤다. 사진과 똑같이 생겨서 쉽게 찾을 수 있었다는 그의 말에 쭈뼛대며 걸었다. 졸지에 나 때문에 모르는 사람과 만나게 된 선배가 신경 쓰였지만, 우리의 어색한 분위기는 술잔이 몇 번 돈 후에 편안해졌다. 여자치고 주량이 세다는 것에 쓸데없는 자부심이 있던 때였다. 함께 와 준 선배를 믿고 계속 술을 마셨다.

정신을 차렸을 땐 택시 안이었다. 선배는 술에 취한 나를 참을성 있게 부축해 집 앞까지 바래다줬다. 그대로 침대 위에 쓰러져서 메시지가 오는 소리에 무어라 답장하고, 핸드폰을 손에 쥔 채 그대로 잠들었다. 카톡음에 깜짝 놀라 깼을 땐 술에서도 조금은 깬 상태였다. 휴대폰 화면에 K가 보낸 메시지가 떠 있었다. 잘 들어갔냐는 말에 그렇다고 답했는데, 그는 난데없이 내가 살고 있는 집 근처라고 답했다. 순식간에 술이 깼다. 나와 정반대 방향에 사는 그가 왜 이 근처에 있다는 건지 의아했다. 그는 둘이서 술을 더 마시자며 내 집으로 오겠다고 했다. 그가 어떻게 집을 알았는지 생각할 겨를도 없었다. 다음에 만나자는 이야기에도 그는 거의 도착했다는 말만 했다. 어떻게 답해야 할지 몰라 망설일 때 초인종이 울렸다.

외시경을 들여다보니 정말로 그가 서 있었다. 처음 만난 그가 내 집을 알고 있다는 것도 충분히 공포인데, 내게 묻지도 않고 찾아온 상황이 섬뜩했다. 화를 내야 하는 건 나였지만 그를 화나게 해서는 안 될 것 같았다. 현관문을 사이에 두고 그와 마주 보고 섰다. 자정을 넘긴 새벽이었다. 성난 짐승을 달래는 조련사처럼 나는 그의 심기를 최대한 건드리지 않고 그를 돌려보내려고 애를 썼다. 그는 쉽게 돌아갈 생각이 없어 보였다. 근처에 살던 남자 사람 친구에게 도와달라는 문자를 보내면서, 그에게는 웃으며 다음에 만나자고 말했다. 그러는 사이 땀에 젖어 끈적해진 손을 옷에 문질렀다. 제발 이 밤이 무탈하게 지나가길 바랐다.

배울 점이 많은 친구가 생긴 것에 기뻤지만 그것은 금세 악몽이 됐다. 그날 이후 나는 그를 다시 만나고 싶지 않아서 연락처를 지웠다. 하지만 그는 바로 다음 날 아무 일도 없었던 사람처럼 내게 연락을 해왔다. 그는 마치 자신이 내 애인이라도 되는 양 굴었다. 내가 느꼈을 공포를 전혀 모르는 그에게서 더는 전에 내가 느낀 배려를 찾을 수 없었다. 내 집 위치를 아는 그가 또 찾아올까 봐 내 뜻을 강력하게 전하기도 힘들었다. 만나자고 하는 그에게 온갖 핑계를 대며 거절하면, 그는 내가 있는 곳으로 오겠다고 말했다. 그와의 눈치 싸움은 계속됐다. 그는 끈질기게도 잊을만하면 연락을 해왔다. 그의 메시지에 답을 하면 결국 만나자는 이야기를 꺼냈다. 메시지에 답을 하지 않으면 페이스북 댓글이나 1:1 대화를 남겼다. 내게는 담백했던 시간이 그에게는 사귀기 직전 남녀의 만남으로 각색되어 있었다. 처음부터 그를 만나지 말았어야 했다는 자책감이 들었다. 모든 게 내 잘못인 것 같았다. 하지만 그와 만났던 날을 다시 생각해 봐도 나는 그가 착각할 만한 빌미를 준 적이 없었다.

　학교 수업을 끝내고 돌아갈 때면 왠지 그가 내 집 앞에 서 있을 것 같았다. 혹시라도 그가 있을까 봐 한동안 다른 친구 집에서 자거나 같은 방향에 사는 친구와 붙어 다니기도 했다. 그러는 동안에도 그는 내게 계속 메시지를 보냈다. 이사를 하고 난 후에야 나는 그의 연락처를 차단할 수 있었다.

누가 나를 좋아하면 마냥 좋을 줄 알았던 건 순전히 내 착각이었다. 상대의 감정은 아랑곳하지 않고 좋아한다는 이유로 상대에게 애정 공세를 퍼붓거나 예고 없이 집 앞에서 기다리는 남자들의 결말이 해피엔딩이었던 드라마를 숱하게 봐온 탓이었다. K의 일방적인 애정은 그 겉옷을 벗기면 폭력이라는 알맹이만 남았다. 만남을 거절하고 연애하고 싶지 않다고도 했지만, 그는 노력하면 내 마음을 얻을 수 있다고 믿는 사람 같았다. 스토킹 범죄가 연일 뉴스에 나올 때면 나는 스토킹을 당한 적이 없다고 생각했다. 과격한 방식만 스토킹이라고 오해했기 때문이다. 그런데 지금 생각해보면 K의 행동은 스토킹이었다. 내 감정을 무시하고 계속 메시지를 보낸 것도, 갑자기 내 집에 찾아온 것도, 내 집으로 올 것 같이 암시를 주는 말도 모두 스토킹 범죄에 해당하는 행동이었다. 그 시기 법으로 스토킹 범죄를 처벌하는 기준은 3회 이상 면회 또는 교제를 요구하거나 공포와 불안감을 주는 행위를 2회 이상할 경우였다. 나는 K가 내 집에 다녀간 후로 매일 두려움에 떨었다. 나중에 그가 내게 연락하지 않았다 하더라도 그 두려움은 한동안 내가 안고 지냈을 거였다. 그런데도 그 경우에는 한 번만 찾아왔기 때문에 스토킹 범죄 처벌 기준이 되지 못했다. 사람이 느끼는 두려움을 숫자로 셀 수 있을까. K는 단 한 번 나를 찾아왔지만 그건 내 일상을 망가뜨리기에 충분한 위험이 됐다. 내가 느낀 공포는 그가 보낸 메시지처럼 연속적이었기 때문에 숫자로 셀 수 없었다. 다행히 지금은 스토킹 처벌 기준에 이런 횟수는 사라졌다.

간혹 적극적인 구애와 스토킹을 구별하지 못하는 사람들이 있다. 상대의 거절을 거절로 받아들이지 못할 때 적극적인 대시는 스토킹이 된다. 이렇게나 거리가 먼 구애와 스토킹을 구별하지 못하는 건, 구별하고 싶지 않기 때문은 아닐까. 그게 아니라면 모든 여자가 자신을 받아줄 것이라는 근거 없는 자의식 과잉 때문일지도 모른다. 그러니 모르겠으면 남자들은 그냥 외우자. No는 No라고.

아직도 열 번 찍어 안 넘어가는 나무가 없다고 여기는 사람들이 있다. 수천 번을 찍어도 안 넘어가는 나무는 영원히 안 넘어간다. 나무가 넘어가더라도 그건 범죄다. 나무를 계속 찍는 것부터가 이미 범죄이기 때문이다.

그건 정말
Benefit이었을까

그는 평소에도 나와 말장난을 주고받는, 유일하게 '티키타카'가 되는 사람이었다. 나는 어딜 가나 코믹한 캐릭터였고, 사람들을 웃기지 못하고 집에 돌아온 날이면 오늘 할 일을 못 끝낸 기분이 들곤 했다. 그와 함께 있을 때면 서로에게 질세라 유머를 뽐냈는데, 우리를 보는 사람들은 모두 배를 잡고 웃었다. 그를 매력적인 사람이라 생각했던 건 그때부터였다. 그 후로 몇 년을 더 '아는 사이'로 지내며 종종 개그 콤비로 활약하기도 했다.

그날 2차까지 이어졌던 술자리가 파할 분위기로

접어들었지만 그대로 집에 가기에는 뭔가 아쉬웠다. 하나둘 자리를 뜨는 사람들 틈에서 어정쩡한 자세로 나를 쳐다보는 그가 눈에 들어왔다. 혹시나 하는 마음에 '3차 콜?'을 외쳤더니 그는 '3차 오케이!'로 응수했다.

3차 장소는 내 집이 됐다. 술과 밤이 있는 한 남녀 사이에 친구는 없다고 하지만, 군 휴가를 나온 친구들이나 절친한 이성 친구들에게 내 자취방 한편을 내어주고 함께 잠들기도 했던 내게는 그 말이 퍽 낯설었다. 무엇보다 원치 않는 섹스는 단호하게 거절할 수 있다고 자부했던 나였다. 그건 자칭 '밤의 황제'에게 나의 모든 걸 맞췄던 첫 연애를 끝내고 얻은 교훈이었다. 그와 마주 앉아 누가 더 웃긴지를 과시하다 보니 새벽이 오고 있었다. 술병은 이미 비워진 지 오래. 술을 마시고 있으나 둘 중 누구도 취하지 않는 밤이었다. 의미 없는 대화를 얼마간 주고받다가 나란히 누워 잠을 청했다. 나도 그도 별다른 액션이 없었으므로 쉽게 잠들 수 있었다.

그가 내 몸을 더듬는 느낌에 눈을 떴다. 가만히 있

으면 이 시간이 지나갈까 싶었지만, 그는 멈출 생각이 없어 보였다. 그를 등지고 돌아눕는 것으로 내 의사를 전달했다. 내 대답을 들은 그도 손길을 멈췄다. 묻고 싶은 게 많았지만 묻지 못한 채 아침을 맞이했다. 날이 밝자 그는 집으로 돌아갔다.

며칠 뒤에 있었던 술자리의 끝은 그의 집이었다. 눈을 떴을 때 나는 그와 나란히 침대에 누워 있었다. 그날 우리는 섹스를 했다. 그날 이후 우리는 FWB(friends with benefits), 그러니까 섹스파트너가 됐다. 이런 사이가 가능할까 싶었지만, 우리의 공통점이라고는 개그 코드와 성적 취향이 전부였다. 모든 걸 맞춰도 결국엔 헤어지는 게 연인관계인데, 고작 두 가지 공통점으로 관계를 발전시키는 건 어리석다고 생각했다. 그를 만나면 매번 술을 마시며 긴 대화를 나눴다. 그에게는 섹스 전에 하는 요식행위에 불과했을지 몰라도 나는 그 시간이 무척 즐거웠다. 상대방 기분을 살피며 눈치 보지 않아도 되고 싫은 건 싫다고 말할 수 있는, 서로에게 윈윈인 관계가 내심 마음에 들었다.

그가 연애를 시작했다는 걸 안 건 순전히 우연이었다. 그가 씻으러 간 사이 울린 그의 핸드폰에는 양쪽에 하트를 거느린 어떤 이름이 반짝이고 있었다. 아무리 눈치가 없다 해도 전화를 건 사람이 누구인지 짐작할 수 있었다. 당혹스러웠다. 불륜을 저지르다 들키면 이런 기분일까. 그가 언제부터 나와 제 애인을 속였는지는 알 수 없었으나, 확실한 건 우리 중 한 명에게 애인이 생기면 이 관계를 끝내자는 약속을 어긴 건 분명했다.

그의 애인으로부터 전화가 왔었다는 사실을 모른 척했다. 누구냐고 따져 묻는 것도 웃기지 않은가. 평소와 다름없이 헤어졌고, 그날 이후로 그의 연락을 피했다. 매일 부재중 전화가 쌓이는 사이 대면한 적도 없는 그의 애인에게 죄스러운 마음이 커졌다. 서로에게 윈윈이었던 관계는 어느새 치정이 됐고, 원망이라는 화살은 목표물을 찾지 못한 채 자꾸만 어디론가 튕겨 날아갔다. 우리가 사랑한 적이 없으니 치정까지는 오버인가 싶지만, 그와 만나지 못 하는 날이 길어지면서 깨닫게 됐다. 나는 그를 좋아하고 있었다.

어떤 순간에는 그와의 관계를 합리화하려는 온갖 이유가 나를 단단히 지탱했다. 불안하고 불완전한 만남은 영원할 수도 영원해서도 안 된다고 생각했지만, 그에게서 전화가 올 때마다 그 생각은 자꾸만 희미해졌다. 내가 할 수 있는 거라곤 그의 전화를 피하는 것뿐이었다. 전화를 받지 않자 그가 집으로 찾아왔다. 당황한 나는 허겁지겁 집 안으로 그를 숨겼다. 마치 누군가에게 들키면 큰일 나는 것처럼. 규범에서 벗어난 관계는 결정적인 순간에 사람을 궁지에 몰아넣는다. 얼마 전까지 아무렇지도 않았던 그와의 관계가 오늘부터는 절대로 누구도 열어봐서는 안 되는 블랙박스가 되었다.

그는 '왜 연락을 안 받아서 찾아오게 만드느냐'고 물었다. 나 역시 묻지 않을 수 없었다. 내가 연락을 피한 이유를 그는 이미 알고 있었다. 그는 대수롭지 않게 "들키면 머리채 좀 잡히겠지"라며 침대에 앉은 채 옆자리를 탁탁 두드렸다. 우리는 그 일에 있어서만큼은 공범이었으나 어쩐지 그의 손가락은 나를 향했다. 이 관계의 모든 책임이 나에게 있는 듯이 말하는 그를 이해할 수 없었다.

그는 이 상황을 심각하게 여기지 않았다. 애초부터 우리는 연인이 아니었으므로 어떤 일에 흔들릴 필요도 위태로워질 이유도 없다고 여기는 듯했다. 우리 둘만 암묵적으로 합의하면 끝이었다. 우리는 우리, 본인은 본인, 나는 나. 각자의 영역을 존중하면서도 관계를 유지할 수 있다는 그의 이야기를 듣다 보면 정말 그럴싸하게 들려서 나도 모르게 고개를 주억거리고 있었다. 아무튼 그의 결론은 하나였다. 그가 원하는 것도 정해져 있었다. 제 애인과 연애하면서 나와 섹스파트너 관계도 유지하는 것.

그날 나는 그의 제안을 받아들일지를 심각하게 고민했다. 불완전한 관계로라도 그의 곁에 남고 싶은 게 솔직한 마음이었다. 그런 관계가 서로에게 유해하다는 걸 알면서도 생각을 멈출 수가 없었다. 그 시기 내 마음은 나도 어찌하지 못할 정도로 휘청대고 있었다.

숱한 밤을 고민한 끝에 내가 내린 결론은 '친구로 돌아가자'였다. friends with benefits에서 'with benefits'만 빼면 간단할 것 같았다. 며칠 후 그를 만나 내 생각을 말했다. 각자의 영역을 깔끔하게 존중할 수 있다던 그는 '친구는 무슨'이라며 코웃음을 쳤다. 나와 섹스파트너는 할 수 있어도 친구는 될 수 없다는 그의 말에 마지막 자존감이 무너지는 느낌이었다. 그는 또 '암묵적 합의'가 얼마나 유용한지에 대해서도 다시 한번 설명했다. 그를 뜨겁게 사랑한 적도 없었지만, 천년의 사랑도 식는다는 말이 어떤 느낌인지 조금은 알 것도 같았다. 그 자리에서 나는 그와의 관계가 끝났음을 직감했다. 일말의 기대감마저 사라지자 거짓말처럼 평화가 찾아왔다. 이렇게 간단히 해결될 문제였나, 싶을 만큼 쉬웠다.

지금 생각해 보면 그때 내 옆에 있어 줄 사람은 반드시 그가 아니어도 괜찮았다. 단지 누군가의 위로가, 그리고 대화할 사람이 필요했다. 때마침 나타난 그는 내 마음을 훤히 들여다보는 사람처럼 내가 듣고 싶은 말만을 골라 나를 보듬었다. 그가 한 말과 행동이 그루밍이었다는 걸 아주 나중에야 알았다. 그루밍은 가해자도 피해자도 그것이 범죄라는 걸 쉽게 알아차리지 못한다. 안다고 해도 감정을 나누는 순간만큼은 판단력이 흐려져서 상대도 나와 같은 마음일 거라고 믿어버린다. 나 역시 그랬다. 은연중에 드러나는 그의 계산적인 행동을 인지하면서도 그저 그에게 한 꼬집의 진심이 있기를 바랐다.

그날 이후 몇 번 더 그로부터 연락이 왔다. 의도가 노골적이어서 나도 노골적으로 대응할 수밖에 없었다. 불쾌함을 참다못한 나는 '네가 원하는 게 폴리아모리라면 그렇게 해주겠노라고. 당장 네 애인과 함께 내 집으로 오거나 내가 가겠다'는 말로 강수를 뒀다. 그는 뭘 또 그런 식으로 받아들이느냐며 황급히 전화를 끊었다. 그게 마지막 통화였다.

아주 가끔 그가 생각난다. 그립다거나 보고 싶어서가 아니다. 내 감정과 일상을 망가뜨리는 그와의 관계에서 조금 더 일찍 나를 구해내지 못한 게 아쉬워서다. 나를 아끼는 가족이, 친구가 그런 내 상황을 알았을 때 느낄 아픔을 짐작하면 그 생각은 더 짙어진다. 그와의 마지막에서 나를 지킬 수 있는 사람은 나뿐이라는 걸 배웠다.

　쉽게 꺼낼 수 없는 이야기를 누군가에게 고백한다는 건 고백을 넘어서는 다짐이다. 이 글이 단순한 고백으로만 읽히지 않기를, 또는 그를 폭로하거나 매도하는 매개로 읽히지 않기를 바란다. 그저 나와 비슷한 경험을 했거나 혹은 하는 중인 사람들에게 나의 마음과 감정을 돌보는, 하나의 처방전이 되기를 바랄 뿐이다.

얼굴 뜯어먹는
연애의 말로

퇴근 후에 만난 친구가 재미있는 걸 보여준다며 무전기 앱을 켰다. 곧이어 상대 쪽에서 말을 걸어왔다. 아는 사람이냐고 물었더니 모르는 사람이란다. 무전기 앱은 그러니까, 챗GPT의 목소리 버전 같았다. 챗GPT와 다른 점이 또 하나 있었다면 나와 대화하는 상대가 실제 사람이라는 것. 볼수록 신기해서 나도 그 자리에서 앱을 깔았다. 며칠을 가지고 놀다가 S와 연락이 닿았다.

S는 얼굴이 보이지 않는다는 이유로 느닷없이 섹스 이야기만 늘어놓는 다른 남자들과는 달랐다. 그는

상황에 맞는 농담을 할 줄 알았고, 내가 부담을 느끼지 않을 만큼 선을 지켰다. 무엇보다 그는 당시 내가 하고 있던 노조 일에 대해서도 어느 정도 파악하고 있었다. 집회 때마다 부르는 각종 노래까지 알고 있었는데, 그가 의무경찰로 근무하며 노조 집회 현장에 자주 있었기 때문이었다. 정치적 균형을 잃은 지 오래인 포항에서는 나이를 불문하고 마음 맞는 친구를 찾는 게 힘들다. 이는 예전이나 지금이나 마찬가지지만 예전, 그러니까 포항을 벗어나고 싶어서 안달했던 과거엔 그 갈증이 더 컸다. 오죽하면 내 이상형이 '나의 직장과 내가 관심 가지는 분야를 특수하거나 특이하게 받아들이지 않는 사람'이었을까. 이런 내가 S에게 끌리는 건 당연했다.

　나의 출장 일정에 맞춰서 부산에 살던 그와 만날 수 있었다. 나를 마중 나온 그를 한눈에 알아봤는데, 그 순간을 한마디로 표현하면 '이상형이 바뀌던 순간'이었다. 나의 직장? 나의 관심 분야? 그런 거 필요 없고 그냥 '그가 내 이상형'이 되었다. 식사를 하고 술잔을 기울이며 대화해 보니 그는 예상했던 것보다 훨씬 더 공감 능력이 뛰어난 사람이었다. 그는 내 말을 잘 듣고 잘 수긍했다.

　그날 이후 우리는 연인이 되었는데 모든 순간이 꿈같았다. 내가 좋아하는 사람이 나를 좋아할 확률이 0에 가깝다는 걸 나는 잘 알고 있었다. 그래서 그와의 관계 발전이 나로서는 놀라울 따름이었다. 온 세상이 아름다우니 나도 너그러운 사람이 되었다. 평소 같으면 화를 내고도 남을 상황을 웃어넘기곤 했으니까. 모든 연애가 그렇듯 우리도 사소한 걸 특별한 것으로 만들며 우리만의 이야기를 써 내려갔다. 하지만 그 연애의 문제는 생각보다 빨리 찾아왔다.

　그는 매일 실시간으로 연락을 주고받는 연애를 원했다. 밤이 되면 꼭 통화를 해야 했는데 보통 한 시간을 넘기기 일쑤였다. 휴대폰으로 메시지를 보내는 게 버거워서 그와 대화할 땐 노트북을 펼쳐야 했다. 블루투스 이어폰도 장만했다. 당시 그는 공시생이었는데 연애 중인 걸 감안하더라도 어쩐지 공부보다 내게 더 집중하고 있는 듯했다. 두 번째 시험이라고 말하면서도 공부를 열심히 안 하던 그는 결국 필기시험에서

부터 불합격했다. 몸이 불편한 어머니와 단둘이 산다던 그는 시험에 떨어지고 나서부터는 아예 길을 잃은 사람처럼 굴었다. 아픈 엄마를 걱정하면서도 아무것도 하지 않았다. 시험 준비는 물론이고 직장을 구할 생각도 없어 보였다. 적당한 일자리가 있으면 지원해 보라는 내 말에 그는 '아무 데나 들어가서 일하고 싶지 않다'는 말로 일축했다. 돈 없고 빽 없으면 질 낮은 일을 하는 게 당연하다고 생각하진 않는다. 나를 힘들게 했던 건 그의 무능력이 아니라 무기력한 모습이었다.

무기력이야 시간이 지나면 해결할 수 있지만 정작 해결되지 않는 문제는 따로 있었다. 그는 기초생활수급자를 지원하는 정책을 포퓰리즘이라 비난하고, 부를 대물림하는 재벌을 찬양했다. '노오력'만으로 탈출할 수 없는 빈곤의 늪에 빠진 그에게는 어째서인지 부서진 계급 사다리가 보이지 않는 듯했다. 레드 콤플렉스가 선명히 남은 우리나라에서는 계급 투표가 불가능하다는 걸 진즉부터 알았지만, 그를 마주하다 보면 자꾸만 맥이 빠졌다. 인권과 노동 기본권을 목 놓아 외치는 나와 대척점에 서 있는 그를 어떻게 받아들여야 할지 혼란스러웠다. 연인이 되기 전 그가 부르던 민중가요는 나의 호감을 끌어내기 위한 수단에 불과했다는 걸 점차 알게 됐다.

그는 서서히 자신의 본모습을 드러냈다. 처음부터 내가 페미니스트라는 걸 알았으면서도 그는 수시로 나에게 강남역 여성혐오 살인 사건이 왜 여성혐오가 아닌지, 한국의 페미니즘이 왜 '페미나치'인지를 설명했다. 페미니즘 도서를 단 한 권도 읽어본 적 없다던 그는 오히려 나를 가르치려 들었다. 이미 페미니즘에 대한 왜곡된 생각으로 가득 찬 그를 설득하거나 이해시키는 건 쉽지 않았다. 논쟁을 이어가다가 내 말에 대답하지 못하는 순간이 오면 그는 '그래도'라는 말을 덧붙이며 우기고는 했다. 그때마다 나는 차라리 벽을 보고 이야기하는 게 낫겠다는 생각이 들어서 나도 모르게 한숨을 내쉬게 됐다. 그는 한숨 쉬는 이유가 뭐냐며 자신을 무시하느냐고 물었다. 그때부터 논쟁의 본질은 사라지고 내 태도가 새로운 논쟁거리가 되었다.

우리 사이에 페미니즘 이야기가 나오면 나는 어느새 '예민한' 사람이 되어 있었다. 페미니즘 이슈는 진보

진영에서도 항상 논란의 중심이었기 때문에, 정치적 견해도 다른 그와 내가 페미니즘에 대해 서로 다른 목소리를 내는 건 어쩌면 당연했다. 다만 누구보다도 깊은 정서적 교류를 나누는 애인이 다른 세상을 보고 있다는 게 견디기 힘들었다. 그런 시간이 쌓이면서 나는 점점 지쳐갔다. 식어가는 내 마음을 모른 채 그는 나와의 미래를 꿈꿨다. 그는 연애 중에도 비혼주의를 고수하는 내게 결혼을 이야기했는데, 그건 마치 나를 꺾어보려는 의지처럼 보였다. 게다가 집에서 뒹굴거리기만 하는 그가 말하는 결혼 생활은 그저 허풍처럼 들렸다.

그맘때쯤 밤낮으로 일에 치인 탓에 그와 자주 만날 수 없었는데, 애틋함은커녕 이미 반쯤 벗겨진 콩깍지를 완전히 벗기는 시간이 되었다. 퇴근길 정체된 도로 위에서 멍하니 있다 보면 그를 좋아했던 이유가 하나둘 지워지곤 했다. 그러기를 며칠째 그를 떠올렸을 때 남은 거라곤 잘생긴 얼굴, 큰 키, 만족스러운 섹스뿐이었다.

폭풍 같았던 그와의 연애를 끝내고 나의 이상형은

'나를 존중하는 사람'으로 바뀌었다. 그가 나를 존중했다면 나를 가르치려 하거나, 내 태도를 언급하며 대화의 흐름을 바꾼다거나, 나의 모든 일상을 간섭하려 들지 않았을 거라 장담한다. '너를 너무 사랑해서 그래'라는 언뜻 달콤하게만 들리는 이 말은 맨스플레인이나 가스라이팅, 데이트 폭력을 정당화한다. 페미니즘을 오랫동안 공부하고 실천해 왔던 나조차도 사랑에 내 신념을 저당 잡힌 채 사계절을 보냈다.

모든 경험은 반성과 후회와 깨달음을 남긴다. 나는 그간의 연애에서 스스로 합리화하는 쪽을 선택했다. 여성을 대상으로 한 살해나 폭력, 외도, 사기 같은 심각한 상황을 TV로 접하며 '그래도 내 남친이 저 정도는 아니잖아. 이 정도면 평범하지'라고 생각한 적이 있었다. 그렇게 점점 눈을 낮춘 덕에 사람을 만나고 관계를 지속할 수는 있었지만 나에게 도움이 되는 결과가 나타난 적은 없었다. 무엇보다 누군가의 틀에 나를 포기하면서까지 맞추는 것, 상대의 모든 것을 수용하는 것이 사랑이 아니라는 걸 이제는 안다. 이별을 겪을 때마다 자의적 비혼주의가 타의적 비연애주의로 변해가고 있음을 체감하지만, 그럴 때면 아무럼 어때 하고 만다. 울화통 터지는 연애보다 행복한 혼자가 나을 때도 있으니까.

이상형이 바뀌면서 생긴 또 하나의 꿈은 혼자 사는 행복한 할머니가 되는 것이다. 혹시 알까. 그때 내 옆집에 혼자 사는 행복한 할아버지가 있을지. 엄마 아빠가 알면 등짝을 때릴지도 모르지만, 언제고 두근거리고 싶은 나의 욕심을 가능한 한 오래 품고 싶다.

॰나는 될성부른 쌍년이었나॰

॰1Kg의 기분॰

॰담배 한 개비의 권력॰

॰아니라고 말할 용기॰

॰만들어진 범죄자॰

॰해일 앞에 조개를 줍는 것은 너희다॰

더 넓은 세상으로 더 넓
은 더 넓은 세상으로 세
상으로 **더** 넓은 넓은 세
상으로 더 세상으로 넓
은 더 더 넓은 **넓은** 세
상으로 더 넓은 더 넓은
세상으로 더 넓은 세상
으로 **세상으로** 넓은 더
넓은 더 넓은 세상으로
세상으로 더 넓은 세상
으로 더 넓은 세상으로

나는 앞으로도 거대한 해일을 마주하며

조개를 줍겠다.

없던 길을 만들며 나아가는 여성들이

거대한 해일의 모습을 하고 있으니 말이다.

나는
될성부른
쌍년이었나

나는 성인이 된 후에도 어려 보인다는 이유로 꾸준히 내 나이를 증명해야 했다. 어려 보이면 좋지 않냐고 많은 사람이 묻곤 하는데, 좋을 때도 있지만 귀찮고 짜증 나는 일에 휘말릴 때가 더 많다. 예컨대 담배나 술을 구입할 때면 거의 매번 신분증을 제시해야 했다. 거울 속 나는 누가 봐도 세상에 찌든 성인인데 그걸 몰라보고 매번 신분증을 요구하는 상황이 너무 귀찮았다. 특히 신분증을 두고 와서 빈손으로 돌아가야 했던 날엔 야속한 마음마저 들 때가 있었다. 그나마 이 정도는 해프닝으로 넘길 상황이다.

내 나이를 함부로 추측한 상대가 반말해 올 때면 '또 시작이다'라는 생각에 한숨부터 나온다. 다짜고짜 말을 놓는 사람 대부분은 중년들이었는데 여성보다는 남성이 많았고, 그들은 내 나이를 알게 되더라도 개의치 않고 말을 짧게 했다. 친분이 있고 없고를 떠나 상대가 허용하지 않은 반말은 불쾌감을 줄 수 있다는 걸 모르는 것 같았다. 왜 반말이냐는 물음에는 늘 어물쩍 넘어가거나 딸 같아서 그랬다는 구태의연한 대답만 돌아왔다. 어쩜 그 핑계는 발전도 없다. 대놓고 언짢은 티를 내도 소용없었다. '좋게 말하면 알아듣지 못한다'는 합리적 확신이 들 무렵부터 나는 무례한 인간을 상대로 싸우는 능력을 키워 왔다. 덕분에 때와 장소(책방 손님도 봐주는 법은 없었다)를 가리지 않고 내게 무례하게 구는 사람을 응징하는 파이터가 됐는데, 주요 고객(?)은 중년 남성이었다. 대부분의 중년 남성은 자기보다 어린 데다 여성인 내가 똑같이 반말하거나 자신들의 말을 맞받아치는 게 퍽 당혹스러운 모양이었다. 내 반격에 할 말을 잃을 정도로 당황하는 그들을 보면 내가 더 당황스럽다.

2021년 말 당시 여당 대표 송영길은 윤석열 대통령 후보의 배우자를 두고 사석에서 남편에게 반말한다는 이유로 비난했다. 여성은 배우자에게 반말해서는 안 된다는, 철이 지나도 한참은 지난 가부장적인 생각을 하는 사람이 공당의 대표였다. 하긴 대통령을 세 명이나 배출한 거대 정당 대표의 생각도 이런데, 내가 만난 아저씨들은 오죽할까 싶기도 하다.

어려 보인다는 이유로 이런 일을 셀 수 없이 겪은 내가 중년기와 노년기에는 상황이 나아질까? 그럴 리 없다. 애당초 내가 겪은 일은 어려서라기보다 여성이기 때문에 경험한 것이다. 당장 '아줌마는 여자도 남자도 아니다'라는 말이 농담처럼 소비되는 것부터 여성 혐오는 나이와 무관하다는 것을 증명한다. 어린 여성은 어리다고, 늙은 여성은 늙었다고 차별받는다. ~녀, 김 여사, 맘충이라는 단어는 여성을 존재 자체로 인식하지 않는다. 또 세분화된 혐오의 단어는 숭배의 여성상에 부합하지 않은 여성에게 가하는 차별에 정당성을 부여한다. 누군가에게는 여성보다 남성이 교통사고를 낼 확률이 높다는 점과 입사 면접 때 여성에게만 결혼이나 임신 계획을 묻는 사실은 중요하지 않다. 혐오와 차별은 언제나 상대적으로 약한 쪽을 향한다.

나는 온갖 포비아(Phobia)들이 혐오 발언하는 꼴을 그냥 볼 수가 없다. 그래서 한때 SNS에서 전파됐던 이른바 '빙쌍법'을 포비아들과의 대화에서 사용한다. 빙쌍법은 '빙그레'와 '쌍년'의 합성어인데, 빙그레 웃으며 할 말 다 하는 쌍년이라는 뜻이다. 언뜻 자조적인 용어로 보이지만 대표적인 여성혐오 단어인 '쌍년'을 여성들이 전유하고 그 의미를 전복하여 사용했다는 것이 유의미하다. 사실 나는 빙쌍법이라고 명명되기 전부터 이것을 사용했는데, 많은 여성이 이 방식에 크게 호응하거나 나처럼 이미 사용하고 있었다. 빙쌍법에 공감한 여성이 많다는 것 자체가 대부분의 여성이 그것을 사용해야 하는 상황에 일상적으로 노출되어 왔다는 걸 말해준다.

반려견 순돌이와 산책하던 중에 개새끼가 사람 가는 길을 막는다며 순돌이를 발로 차려고 했던 아저씨, 초면에 훈수질하던 아저씨, 책방에서 순서를 기다리지 않고 새치기하던 아저씨, 본인 얼굴은 생각도 안 하고 여자 외모를 품평하던 아저씨…. 내가 이런 사람들을 두고 어떻게 빙썅년이 되지 않을 수 있을까. 다른 방법이 있다면 정말 알고 싶다.

몇 년 사이 나는 빙썅년에서 썅년으로 자체 업그레이드됐다. 무례한 사람을 굳이 웃으며 대할 필요가 없다고 느꼈기 때문이다. 그래서 더는 웃으며 말하지 않는다. 만약 당신이 오늘 만났던 상대방의 태도가 나와 같았다면, 그 이유에 대해 생각해 보길 바란다. 상대의 태도에서 불쾌함이 느껴졌다면 그 이유 또한 고민해 보는 것도 유의미하다. 당신의 불편한 마음은 당신이 가진 권력과 비례한다는 걸 알게 될 테니.

1Kg의
기분

엄마는 제사 때 절을 하며 소원을 빌면 조상님이 들어준다고 했다. 한때는 그 말을 믿었다. 그래서 절할 때마다 꽤 진지하게 소원을 빌었다. 처음 절할 때는 "살 빠지게 해주세요." 두 번째 절할 때는 "예뻐지게 해주세요."라고. 제삿날이 되면 초저녁부터 '내가 가장 원하는 것'을 생각했다. 나는 원하는 것도, 하고 싶은 것도, 되고 싶은 것도 많았다. 나름대로 고심한 뒤 결정한 소원은 무릎을 꿇고 손으로 바닥을 짚는 순간 전과 동일한 소원으로 둔갑했다. "살 빠지게 해주세요. 예뻐지게 해주세요." 그렇게 몇 년 동안 나는 제사 때마다 같은 소원을 빌었다.

　　처음이 언제인지 기억나지 않을 만큼 오래전부터 엄마는 내게 "예쁘게 낳아놨는데 니가 망쳐놨다"고 말하곤 했다. 감정표현에 서툰 아빠도 이따금 내가 얼마나 '인형 같은' 외모였는지 강조했는데, 그런 이야기를 들을 때마다 죄인이 된 기분이었다. 부모님은 어린 시절 내 외모에 찬사를 보내다가도 살이 찌면서 이목구비가 흐려지고, 체형까지 변한 지금의 나를 보고 한숨을 내쉬곤 했다. 속상해하는 부모님보다 더 속상한 건, 살쪘다는 이유로 가족에게 부정당하는 나였다.

　　우리 가족은 내가 스스로 살 빼기를 바라며 나름의 '충격요법'을 활용했는데 그 방법이 전혀 충격적이지 않다는 게 문제였다. 가령, 내가 물을 꺼내려고 냉장고 문을 열거나 방에서 부스럭대기만 해도 엄마는 또 뭘 먹느냐며 소리쳤다. 옷을 사러 가면 매장 안의 모든 사람이 들을 정도로 제일 큰 사이즈를 달라고 말했고, 심지어 내가 길을 걷다 넘어지기라도 하면 살이 쪄서 그런 거라고 했다. 내가 하는 말과 행동의 원인을 모두 살과 연관 짓는 엄마에게 짜증이라도 내면 '살

찌고 나서 성격도 예민해졌다'며 다시 살 애기를 했다. 충격요법은 제 역할을 하지 못하고 늘 내 기분만 상하게 했다. 맞은 곳을 또 맞으면 아프기만 할 뿐 아무 소용이 없다는 걸 엄마는 모르는 것 같았다. 언제부턴가는 충격요법이라는 명분은 사라지고 조롱이라는 알맹이만 남게 됐다.

아빠는 체격이 큰 여성이 지나가면 "니 언니 지나간다"라는 말로 그 사람과 나를 모욕했다. 처음 몇 번은 나도 웃어 넘겼지만, 그 뒤로도 똑같은 일이 반복되자 마냥 웃을 수만은 없었다. 엄마와 언니는 아빠 말에 동조하며 함께 웃어댔고, 아빠가 없는 자리에서는 아빠의 화법을 그대로 사용하며 나를 웃음거리로 삼았다. 참다못한 내가 화를 내면 "듣기 싫으면 살을 빼라"는 말로 나를 향한 조롱과 멸시를 정당화했다. 그 덕에 날씬하지 않은 여자는 존중받지 못한다는 걸 아주 어릴 때부터 알게 됐다.

어떤 사람들은 내가 딸만 있는 집에 산다고 하면 성차별을 모르고 산 줄 안다. 성차별은 남매가 있는 집에서만 작동하지 않았다. 딸만 둘인 우리 집에서 어떤 날엔 지적(知的)인 것으로, 어떤 날엔 외적인 것으로 비교당했다. 기묘한 경쟁 구도에도 언니와 나는 서로가 갖지 못한 것을 부러워했지만, 백날 부러워해도 결코 가질 수 없는 것들이었다. 여자가 너무 똑똑해도, 너무 튀어도 안 된다는 사회적 시선은 우리 집에서도 유효했다. 부모님은 지적이든 외적이든 넘쳐서 주목당하는 것보다 모자란 것이 낫다고 여겼다. 따라서 언제나 그 경쟁에서 승리하는 것은 나보다 날씬한 언니였다. 지적으로 넘치는 건 특정 순간에만 드러나거나 아예 숨길 수 있지만, 외적 능력은 어느 순간에나 보이기 때문이었다.

생각해 보면 우리 가족은 꼭 내가 아니더라도 누군가의 외모를 시시때때로 평가했다. 그건 주로 여성이었으며 직접 대면하지 않고도 죄책감 없이 마음껏 대화 소재로 삼을 수 있는 연예인이었다. TV에 나오는 여성 연예인들의 외모를 이리저리 따져가며 성형 여부를 진단하는 가족의 모습은 진품과 가품을 논하는 TV 프로그램 속 패널 같기도 했다. 여성 연예인의 외모를 각자의 심사대에 올려두고 눈썰미를 과시하면서 피부가 처졌네, 눈을 또 했네, 팔뚝이 굵네, 하며 품평회를 열었다. 외모는 비교 대상이 없어도 절대적 기준이 있는 것 같았다. 절대적으로 날씬하고, 절대적으로 아름다울 것. 그것이 아니라면 아무리 유명한 연예인이라도 우리 가족의 심사를 피할 재간이 없어 보였다. 그러다가 내 또래의 여성 연예인이 나오기라도 하면 "히니가 살만 빼면 저건 얼굴도 아니야"라는 엄마의 말에 온 가족이 고개를 끄덕이곤 했다. 그 말을 들을 때마다 나는 웃어야 할지 울어야 할지 몰라 어리둥절한 얼굴로 가만히 있었다.

내 삶의 반 이상은 살과의 전쟁으로 소란스러웠다. 온 가족이 내 살을 이야기하는데 다이어트를 안 해봤을 리 없다. 오히려 안 해본 다이어트가 없을 정도다. 한 달간 물만 먹거나 간헐적 단식도 했고 하루에 줄넘기를 만 개씩 하거나 몇 시간씩 걷기도 했다. 엄마의 등쌀에 떠밀려 개인 PT를 등록했을 때, 이것이야말로 인생의 마지막 다이어트가 되어야 한다고 생각했다.

트레이너는 그간 돈을 들여 음식을 먹고 찌운 살이기 때문에 살을 빼는 데도 그만큼 돈을 들여야 한다고 했다. PT 비용은 당시 내가 사용하던 아이폰을 몇 개나 더 살 수 있을 만큼 비쌌다. 망설이는 내게 트레이너는 서울에서는 훨씬 더 비싸다는 말로 내 지갑을 열게 했다. 돈이 아까워서라도 꼭 다이어트에 성공해야만 했다.

적게 먹고 많이 움직이라는 다이어트의 정석대로 나는 철저하게 식단을 지키고 운동하고 일련의 과정을 트레이너에게 보고했다. 꽤 오랫동안 유지해 온 체형이어서 살 빼기 어려운 체질로 변했을 것이라는 내 예상과 달리 체중계 숫자는 하루가 다르게 줄어들었다. 트레이너는 자신이 여태까지 맡은 사람 중 최단기간에 가장 많은 체중을 감량한 사람이라며 흥분해서 말하곤 했다. 거기까진 좋았다. 물을 마시는 나를 보고 "엉덩이요. 많이 힙업 됐어요."라고 말하거나 '여자한테 좋은 운동'을 알려주며 나의 모든 신체 부위를 파편화해 평가하는 트레이너의 언행은 그의 직업적 특성을 고려해 이해하려 해도 영 유쾌하지 않았다. 묘한 불편함과 불쾌감, 수치감을 느끼면서도 오직 살을 빼겠다는 마음으로 운동에 매진했다. 별다른 목표나 의식 없이 단지 뚱뚱해서는 안 된다는 생각을 동력 삼아 바삐 몸을 움직였다. 운동하기 싫거나 식욕이 들끓는 날에는 줄곧 들어온 '긁지 않은 복권'이라는 말을 되새기면서 울상을 하고서라도 집을 나섰다. 몇 계절을 보내고 난 뒤 확연히 달라진 내 모습을 나보다도 더 좋아했던 건 엄마였다. 엄마는 헬스장에서 만나는 사람들에게 내가 얼마나 살을 많이, 얼마나 빨리 감량했는지에 대해 늘 어놓곤 했다. 내 몸을 놀림감으로 여겼던 가족의 조롱도 사그라들었다. 살만 뺐을 뿐인데 이렇게나 일상이 평화로울 수 있다니, 이런 날들이 영원하면 좋겠다고 생각했다.

다이어트를 혼자서도 할 수 있겠다는 생각이 들 무렵 운동을 그만뒀다. 운동을 안 해도 관성 때문인지 몸무게는 계속 줄었다. 살에 대한 엄마의 잔소리는 줄었지만, 오히려 나는 살에 대한 스트레스가 늘어났다. 조금만 먹어도 다시 살이 찔 것 같은 두려움에 음식을 씹고 뱉고서 식욕을 이겼다는 생각에 뿌듯함을 느끼는가 하면, 며칠을 굶다가 노란 위액을 구토할 때는 위장이 비어있음에 안도했다. 그러나 몸은 이전의 몸을 기억했다. 운동을 멈춘 후 그동안 억눌러왔던 음식에 대한 열망은 서서히 나를 다시 살찌웠다. 사람들을 만나 먹고 마시는 횟수가 늘면서 살을 뺀 뒤 입었던 옷들은 하나둘 관상용이 되었다. 옷 가게에서 파는 저렴한 옷을 사고 싶어도 사지 못하는 순간이 되돌아왔고, 나는 또다시 프리사이즈에 속하지 못하게 됐다. 그러는 사이 내가 숱하게 해온 다이어트의 이유가 예쁜 옷을 입고 싶어서가 아니라 아무 옷이나 입고 싶어서였다는 걸 알게 됐다. 내 몸은 불어나고 줄어들기를 반복하는데 사이즈가 그대로인 옷이 야속했다.

　나날이 커지는 거울 속 내 몸을 보는 게 괴로웠지만 다시 PT를 받기에는 경제적 부담이 컸고, 그때처럼 죽기 살기로 운동하며 절식할 자신도 없었다. 어떻게든 살을 찌우지 않으려고 애써도 살 찌는 과정에서 느끼는 자괴감과 사회적 시선은 나로 하여금 더욱 음식을 찾도록 만들었다. 마지막이라고 결심했던 다이어트마저 그렇게 실패로 돌아갔다. 살을 빼서 날씬해지고 예뻐지는 것만이 살길이라 여겨졌지만, 반복된 다이어트 실패에도 내 삶은 끝나지 않았다.

살 많이 빠졌다, 예쁘다, 애인 생기겠네… 과거의 내 사진에 달린 SNS 댓글들을 본다. 살 좀 빼야겠다, 살이 왜 이렇게 쪘어? 살만 빼면 예쁘겠다…. 다시 살이 찐 오늘의 내게 사람들이 말한다. 예나 지금이나 사람들은 살이 쪘을 때는 뚱뚱하다고, 살이 빠졌을 때는 살을 뺐다고 나를 가십거리로 삼았다. '정상인'과 '비정상인'을 오가며 살아온 나는 어떤 모습이더라도 여자의 외모는 평생 사람들 입방아에 오르내린다는 것을 깨달았다.

결국 문제는 여성의 몸이 아니라 그 몸을 바라보는 사회의 시선에 있었다. '여자의 평생 숙제는 다이어트'라거나 '체형으로 평소 생활을 알 수 있다'는 말이 많은 여성에게 진실로 받아들여지면서 나 또한 그것을 맹신하고 몸을 못살게 굴었다. 정상성만을 갈망하며 나를 억압한 방식 중 하나였던 다이어트는 몸과 마음을 피폐하게 만들었다.

만화에서 요술봉을 휘두르며 악당을 물리치는 마법 소녀들은 얼굴 생김새가 크게 다르지 않다. 그런데도 어린 시절엔 친구들과 누가 더 예쁜지를 구분하곤 했는데 머리가 긴지 짧은지, 치마를 입었는지 바지를 입었는지가 기준이었다. 그리고 그 기준은 또래 사이에 무척이나 단호했고 단순했다. 천만 관객이 본 영화 속 "여자는 머리는 길고 치마는 짧아야지."라는 대사는 이 사회가 선호하는 여성의 외모를 적확하게 드러낸다. 만화 속 여성 캐릭터의 외모를 판가름했던 단호하고 단순했던 기준은 성인들에게도 유용하다.

제삿날마다 똑같은 소원을 비는 나를 자책하면서도 간절히 원하면 이뤄질지도 모른다는 기대를 품었다. 그리고 세상은, 내 소원을 이룰 방법이 오직 다이어트라고 알려주었다. 세상의 요구에 맞게 외모를 가꾸고 다듬으면 그다음 관문이 기다리고 있었다. 피부가 하얀가? 가슴이 예쁜가? 다리가 매끈한가? 쌍꺼풀이 있는가? 코가 높은가? 얼굴이 작은가? 끝이 없을 것 같은 관문을 모두 통과하면 그 끝엔 과연 무엇이 있을까. 아마 모든 관문을 통과해도 여성은 또 누군가의 심판대에 올라 외모를 지적당할 테다. 여성 연예인들이 소비되는 방식이 그것이니까.

사회의 미적 기준을 충족하고도 남을 여성 연예인들은 왜 다이어트와 성형 수술을 놓지 못하는가. 그들 역시 아직 그 관문의 끝에 도달하지 못한 게 아닐까. 그제야 나는 누군가의 기준에 맞춘 아름다움을 목적으로 한 다이어트를 멈출 수 있었다. 물론 '이상적인 몸매'에 대한 갈망은 수시로 튀어나와 나를 잠식할 것이다. 아주 오랜 시간 동안 그것이 옳다고 배웠기 때문에 그렇다. 그래서 우선은 다시 살을 빼면 입을 요량으로 옷장 깊숙이 넣어두었던 손바닥만 한 옷들을 처분해야겠다. 앞으로는 허상에 불과한 미의 기준에 구태여 내 몸을 맞추지 않겠다는 의지의 표현으로 말이다.

담배
한 개비의
권력

　　대학 시절 한 선배가 자신의 애인이 흡연자였다는
사실에 충격을 받았다고 이야기했다. 그 자리에 함께
있던 남자들은 어이없고 황당하다는 표정으로 그 선배
를 위로했다. 그들의 손에는 담배가 쥐어져 있었다. 담
배를 피우면서 흡연하는 여자를 비난하는 그들을 보면
서도, 나는 그들이 모순적이라고 생각하지 않았다. 여
자는 당연히 흡연하면 안 되고, 흡연하더라도 숨겨야
하는 일이라고 여겼다. 그들이 내뿜는 담배 연기를 요
리조리 피해 가며 그 선배를 위로할 적당한 말을 속으
로 골랐다. 그때만 해도 흡연하는 여자를 만나는 건 위

로해야 할 일이었다.

　이름도 얼굴도 모르는 선배의 전 애인은 자주 우리 곁에 있었다. 술자리에서 이야기 소재가 다 떨어졌을 때쯤이면 비워진 안주 접시에 헤어진 연인들의 이야기가 하나둘 채워졌다. 주로 '잠자리에서 화끈했던' 전 여자친구 이야기나 갓 연애를 시작한 남성이 애인과 어디까지 진도를 나갔는지 캐묻는 이야기였다. 늘 성적인 이야기에 주제가 한정되었던 터라, '담배 피우는 전 여친' 이야기는 단연 화제였다. 선배는 헤어질 무렵에야 흡연자인 사실을 고백했다는 전 여자친구에게 몹시 배신감을 느끼는 것 같았다. 선배는 여자친구가 순수한 줄 알았다며, 담배를 꺼내는 순간을 상세하게 묘사하면서 자신이 얼마나 큰 충격을 받았는지 재차 설명했다. 그의 말에 맞장구치던 남자들은 대화하다 말고 밖으로 나가 흡연을 하고 돌아오기를 반복했다. 낮부터 시작된 배신당한 선배를 위한 위로는 늦은 밤까지 이어졌다.

　흡연하는 여자는 '까졌다'라거나 '못 배웠다'는 어

른들의 말, 여자는 미래에 엄마가 될 몸이니 담배는 안 된다는 무언의 사회적 합의, 담피녀(담배 피우는 여자)는 믿고 걸러야 한다는 남성들의 대화. 세상은 내게 여자는 담배를 피우면 안 된다는 것을 줄곧 알려주었으나, 어째서인지 나는 흡연자가 됐다. 정확히 언제부터 담배를 피웠는지도 기억나지 않을 만큼, 내게 흡연은 별것 아니었다. 그러나 한 다리만 건너도 아는 사람이 있을 만큼 좁은 지방에서는 여성이 아무 곳에서나 담배를 입에 무는 모험을 하기란 쉽지 않았다.

길에서 흡연하는 여성을 보기라도 하면 엄마는 '분명 날라리일 거'라며 혀를 내둘렀다. 독실한 천주교인인 엄마는 낙태는 생명을 죽이는 일이라 생각했다. 수정란이 만들어진 순간 그것을 생명이라 생각해, 산 사람보다도 그 배 속에 든 생명을 더 중하게 여기는 엄마에게 '아이를 낳아야 할' 여자가 흡연하는 것은 결코 용납되지 않는 일이었다. 아빠는 가부장적인 남성의 표본으로 평소에도 '여자는 ~해야 한다'라는 식의 화법을 자주 구사했다. 집에 늦게 들어오기라도 하면 불같이 화를 냈고, 머리카락을 잘라버리겠다고 가위를 찾는 시늉까지 하며 언니와 나를 통제했다. 그런 부모님이 나의 흡연 사실을 안다면, 나는 집에서 쫓겨나거나 맞아 죽거나 둘 중 하나일 것 같았다. 그래서 나는 어디서나 비흡연자인 척하기 일쑤였고, 늘 인적 드문 골목이나 어둡고 후미진 곳에 숨어서 담배를 피웠다. 그러다가 인기척이 느껴지면 황급히 담뱃불을 껐다. 그렇게 버린 장초가 몇 보루는 될 테지만, 아까운 마음보다 흡연을 들키는 것에 대한 두려움이 컸다. 때로는 비흡연자 코스프레를 하며 담배 피우는 여성을 비난하기도 했다. 내로남불이라는 걸 알면서도 내가 흡연자라는 걸 들키지 않았다는 사실에 안도했다.

영원한 비밀은 없다고 했던가. 어느 날 내 외투 주머니에서 담배를 발견한 엄마는 팔에 얼굴을 묻고 통곡했다. 왜 우느냐는 물음에 엄마는 "자식을 잘못 키웠다"고 답했다. 엄마는 내가 흡연한다는 이유로 나를 낳아 기른 세월을 부정했다. 흡연이라는 '중죄'를 지어놓고도 반성하는 기미가 없는 나를 고쳐놓겠다며, 엄마는 아빠에게 곧바로 그 사실을 알렸다. 담배 피우는 게 범죄냐며 큰소리쳤지만, 나는 아빠에게 맞아 죽지 않으려고 그날로 이틀간 가출했다. 내 나이 20대 후반에 담배 때문에 가출할 줄 누가 알았을까.

그 후로도 엄마에게 두어 번 담배를 들켰고, 엄마는 그때마다 나를 나무랐다. 엄마와 나는 서로가 담배를 포기할 것을 기대했지만, 우리는 서로의 고집을 꺾을 수 없었다. 부모님께 흡연 사실을 들키는 최악의 상황을 접하고 나면 자유로워질 줄 알았지만, 나는 여전히 비흡연자인 척하거나 숨어서 담배를 피웠다. 흡연 구역에서조차 담배를 입에 물면 따라오는 경멸적인 시선을 견디기 힘들었다. 내가 흡연을 숨기는 건 애초에 모든 사람의 눈을 피하기 위해서였다는 걸 알았다.

그런데 묘하게도 포항에서 멀어질수록 숨지 않고 담배 피우는 것이 비교적 수월했다. 그러니까 대구나 부산, 서울 같은 지역에서는 여성인 내가 담배 피우는 것을 이상하게 보는 사람들이 이상하리만큼 적었다. 장소가 어디든 무관했다. 포항에서는 흡연실에 들어선 순간부터 나올 때까지 흡연실 안팎에 있는 사람들의 눈총을 한 몸에 받아야 했다. 그런 아찔한 기억은 언제나 나를 지배했기 때문에 서울역 흡연실에 처음 들어갈 때도 잔뜩 긴장한 상태였다. 예상과 달리 나를 향한 따가운 시선은 없었고, 그날 나는 흡연 역사상 처음으로 편안하게 담배를 피울 수 있었다.

담배 피우는 장소나 함께 있는 사람이 누구냐에 따라 차이는 있었지만, 대도시에 사는 여성의 경우는 나보다 사정이 좀 나았다. 포항보다 큰 도시에 사는 친구들을 만나면 나는 친구들을 따라 당당히 담배를 입에 물 수 있었다. 따가운 눈총을 받는 일이 아예 없는 건 아니지만, 적어도 포항에서만큼 흡연 사실 자체를 숨기지 않아도 됐다. 눈치 보지 않고 어디에서나 흡연 욕구를 즉각적으로 해소할 수 있다는 사실만으로, 대도시에 사는 친구들이 부러웠다.

함께 담배 피울 친구가 있다는 것은 흡연자들에게 큰 기쁨인데, 나 역시도 흡연하는 사람을 만나면 내적 친밀도가 급상승한다. 특히 여성 흡연자를 만나면 번호라도 따고 싶은 욕구가 샘솟는다. 흡연을 숨기는 여성이 많아 근처에서 여성 흡연자를 만나는 건 귀한 일이기 때문이다. 어쩌다 여성 흡연자를 만나면 말하지 않아도 그간 들킬까 염려하며 늘 숨어서 담배를 피웠을 시간을 서로 느낄 수 있다. 그러다 보면 부쩍 빨리 가까워지는데 '학연, 지연, 흡연'이라는 우스갯소리가 왜 있는지 알 정도다. 그러나 그 우스갯소리에서도 여성은 삭제되곤 했다. 함께 담배를 피우며 연대감과 소속감을 확인하는 자리인 '식후 땡'이나 '담타'(담배 타임)는 공공연하게 남성의 전유물로 여겨졌기 때문이다. 내가 흡연자라는 사실을 말하지 않았을 때 한 번도 내게 '담타'를 제안한 남성은 없었다. TV에서 흡연자로 놀림 받는 여성을 보고 낄낄대는가 하면, 인터넷에서 흡연하는 여성 연예인 리스트를 공유하고, 여성 배우가 흡연하는 장면을 두고 그 진위를 가리는 토론을 하면서도 제 주변의 여성들은 모두 비흡연자일 거라는 남성들의 납작한 생각은 여성 흡연자들을 더욱 숨게 만든다.

어느 날 나보다 열 살 많은 여자 선배와 사람들의 눈을 피해 흡연할 장소를 찾다가 불현듯 '나 10년 뒤에도 숨어서 담배 피워야 하나?'라는 생각이 머리를 스쳤다. 무성의 존재로 받아들여지는 할머니가 되면 지금보다 편하게 담배를 피울 수 있을 것 같다고 생각했다.

밤 산책길에 아파트 놀이터 근처를 지나는데 담배 냄새가 났다. 놀이터 근처 벽 뒤에서 누군가가 쪼그려 앉아 담배를 피우고 있었다. 모습이 보이지 않아도 그가 여성임을 알 수 있었다. 그곳은 내가 대학교 방학마다 본가로 돌아오면 사람들의 눈을 피해 담배를 피우던 유일한 장소였다.

어떤 친구들은 말한다. 요즘 여자들 누가 숨어서 담배를 피우냐고. 그래서 더 찾기가 어렵다. 담배도, 담배 피우는 모습도 감추니까. 우리가 숨 쉬는 공기도, 뺨을 스치는 바람도 눈에 보이지 않지만 존재한다는 걸 안다. 그런데 '요즘 같은 세상'이라고 해서 (숨어서) 담배 피우는 여자라고 없을까?

이 글을 쓰는 지금도 나는 담배를 피우고 있다. 최근 여러 가지 문제로 연초에서 전자담배로 바꾼 탓에 비흡연자로 패싱하기가 더 쉬워졌다. 하지만 전처럼 강박적으로 비흡연자로 보이려고 애쓰지 않는다. 담배를 끊을 수 없다면, 비흡연자인 척하는 것을 끊어야겠다는 생각이었다. 남성들이 이미지화한 담피녀는 정해져 있지 않다고, 그 허구의 여성상에 얽매여 스스로를 검열할 필요가 없다는 나만의 다짐이었다. 요즘도 밖에서 담배를 피우면 부담스러운 시선이 쏠린다. 다만 전과 달라진 게 있다면 이제는 그들의 시선을 피하지 않는다는 거다. 성인이 흡연실에서 담배를 피우는 게 잘못된 건 아니니까.

엄마는 여전히 내가 담배를 피운다는 것을 알고 있을까. 안다면 그전처럼 또 펑펑 울까. 사실 나의 흡연으로 엄마가 운다거나 실망하는 것에 더 이상 마음이 쓰이지 않는다. 길을 걷다 우연히 보게 되는, 구석진 곳에 숨어서 담배에 불을 붙이는 여성들의 마음을 먼저 생각할 뿐이다.

아니라고 말할
용기

4차 산업혁명을 몸소 느낀 건 책방을 열고 나서였다. 매년 줄폐업하는 동네 책방과는 달리 온라인 서점은 날로 비대해졌지만, 그건 내가 손을 쓸 수 있는 영역이 아니었다. 시대의 흐름이라고는 하지만 아날로그 방식으로 책을 소비하는 나로서는 꼭 내 책방이 아니더라도 많은 책방이 오래도록 자리를 지켜주기를 바랐다. 책을 팔아 떼돈을 벌 수 없다는 건 알고 있었지만, 오늘을 마무리하는 동시에 내일을 걱정하는 하루살이로 살아야 할 줄은 몰랐다.

고정적인 매출이 필요했고, 내가 할 수 있는 일을

찾아야 했다. 책방을 열기 전부터 독서 모임을 운영했던 경험을 살려 우선 독서 모임을 모집했다. 아무도 오지 않으면 어쩌나 하는 우려가 무색하게도 독서 모임을 여는 족족 사람들이 모여들었다. 문득 지인들과 대화를 나누다 글을 쓰고 싶어 하는 여성들이 많다는 것을 알게 됐을 때, 글쓰기 모임을 열어야겠다고 생각했다. 글쓰기 모임은 독서 모임보다 더 빨리 인원이 마감됐다. 성공적으로 마친 모임들은 이후 모임을 열도록 추동했다. 더 많은 사람이 이런 모임이 있다는 걸 알수 있도록, 내 책방을 더 알릴 수 있도록 온갖 SNS를 동원해 모집 글을 올렸다. 6개월 동안 진행하는 글쓰기 모임의 네 번째 기수를 모집하기 위해 글을 올렸을 때, 글을 올린 지 하루가 지나기도 전에 인원이 마감되었을 뿐 아니라 몇 명의 후보 모임원까지 대기할 정도였다. 체력과 시간의 한계로 모임을 늘리지 못하는 게 아쉬울 따름이었다.

모든 일이 너무 순탄했던 게 문제였을까, 모임이 두어 차례 진행됐을 때 예기치 못한 상황이 생겼다. 커뮤니티 형식의 플랫폼 앱에 내가 올린 4기 글쓰기 모임 모집 글이 누군가의 신고로 삭제 처리됐다는 알림이 날아왔다. 몇 번을 확인해봐도 신고당할 만한 내용이 아니었다. 같은 내용을 여러 SNS에 올렸지만 신고는 물론 어떤 항의를 받은 적도 없었다. 애초에 페미니즘 글쓰기 모임을 모집한다는 내용의 글이 신고 사유가 될 수 없었다. 이미 4기 모임이 진행되는 상황이라 모집 글이 삭제돼도 타격은 없었지만, 궁금한 건 참지 못하는 성격 탓에 곧장 문의하기 버튼을 눌러 글이 삭제된 이유를 물었다. 이튿날 온 답변은 이랬다. "확인해보니, 글 내 특별 성별을 지칭한 단어를 기재하신 것으로 보입니다. 페미니즘 등 논란의 소지가 있는 키워드로 인하여 신고가 누적되어 제재되었으며, 안타깝게도 제재된 글은 활성화가 어렵습니다."

한눈에 봐도 깊은 고민 없이 보낸 답변이었다. 게다가 충분히 예상했던 신고의 이유가 그대로 맞아떨어지니 실소가 절로 나왔다. 페미니즘의 피읖만 나와도 바르르 떨다가 가성비를 따져서 신고하기 버튼을 눌렀을 누군가의 손가락과 무책임한 답변, 그 환장의 콜라

보는 내 머리에 장착된 비상등을 켜기에 충분했다.

　나는 곧바로 플랫폼 업체에 내가 올린 게시 글은 플랫폼 업체의 운영 방침이나 게시물 등록 제한 요건에 해당하는 사항이 없다는 것을 말하면서, 페미니즘이 논란의 소지가 있다고 답변한 부분에 대해 해명해 달라고 말했다. 닷새가 지나서야 받아 본 답변에는 내가 요구한 내용은 찾을 수 없었고, 신고를 한 사용자들에게 책임을 넘기는 형식의 문장만 나열돼 있었다. 업체 측은 내게 "출신, 인종, 외양, 장애 및 질병 유무, 사회 경제적 상황 및 지위, 종교, 연령, 성별, 성 정체성, 성적 지향 등을 포함한 게시글은 작성이 어렵습니다." 라는 답변을 보내왔다. 맞는 말이다. 너무 맞는 말이어서 더 당혹스러웠다.

　업체 측은 정답을 말하고 내게 안내하면서도 정작 자신들이 페미니즘을 배제하고 있다는 걸 모르는 듯했다. 신고가 누적돼 자동으로 신고 처리가 되었다 하더라도 문의가 들어온 이상 업체 측에서 적합한 사유라고 생각하지 않는다면 풀어줘야 마땅하다고 생각해 게시 글 복원을 거듭 요구했지만, 업체 측은 인공지능처럼 같은 말을 반복할 뿐 그럴 생각이 전혀 없어 보였다. 연애편지가 아닌데도 문의를 보내고 나면 며칠 동안 답변만 기다리게 됐다. 이제라도 문제가 뭔지 알아차리기를, 그래서 내 화를 더 돋우지 말기만을 바랐다. 문의와 답변을 몇 번쯤 주고받았을까. 내 인내심도 점점 한계점에 도달하고 있었다.

문의와 답변을 거듭 주고받아도 문제를 직시하거나 사과할 생각이 없어 보여서 마침내 최후통첩을 했다. 플랫폼 업체에 보낸 긴긴 내용을 다 옮길 수가 없어서 요약하면 "페미니즘을 논란의 소지가 있는 키워드라고 말한 점, 그 부분에 대한 질문에 어떠한 해명도 책임도 지지 않고 원론적인 대답으로 교묘하게 피하는 방식이 실망스럽다. 플랫폼 측에서 이 문제를 '별것 아닌 것'으로 인식하는 것 같아 공론화할 생각이다."였다.

어떤 사건을 공론화했을 때 그것이 공익을 위한 목적이라면 명예훼손 요건이 성립하지 않는다. 내 경우 공론화의 목적이 공익에 있었기 때문에 명예훼손으로 고소당할 일은 없겠지만, 아무래도 일이 커지는 만큼 부담은 있었다. 그래도 누군가는 해야 할 일이었다.

페미니즘 문구가 적힌 티를 입었다고 해고당하고, 학교에 페미니즘 교육이 필요하다는 말을 했다고 매장당하고, 여성가족부를 폐지한다는 공약을 내 건 후보가 대통령으로 당선되는 그런 세상이 지속되어서는 안 됐다. 매년 살해당하는 여성의 수가 얼마나 되는지, 기혼 여성이라는 이유로 취업이 얼마나 어려운지, 여성은 결혼과 출산 이후 얼마나 다른 삶을 살게 되는지 알지 못한 채 여성 상위 시대라는 허울이 진실인 양 믿는 사람들이 활보하는 것을 두고 봐서는 안 됐다. 그래서 어느 정도의 위험은 감수하더라도 내가 할 수 있는 일을 해야 했다. 여성들이 모여 글을 쓰는 것조차 막는 어떤 사람들이 틀렸음을 밝혀야 했다.

플랫폼 업체 측에 마지막으로 의견을 전달한 후 곧바로 공론화 준비를 시작했다. 우선 독서 모임과 글쓰기 모임 멤버들을 중심으로 플랫폼 업체와 나 사이에 오간 내용을 공유했다. 모임원들은 이것이 잘못된 지적이 아니라며 공론화를 돕겠다고 했다. 사실 업체 측의 미온적인 대응에 내가 정말 별것 아닌 일에 예민하게 구는 건 아닐까, 하는 의심이 들었던 터라 내심 안도했다. 책방 단골손님들도 힘을 보탰다. SNS에 글을 공유해 확산하는 데 도움을 주겠다고 저마다 말했다. 전국 각지에서 여성 인권 운동을 하는 활동가 친구들에게도 소식을 전했다. 모두가 약속이나 한 듯 힘을 보태겠다고 나섰다. 지방의 작은 책방에서 일어난 사건을 과연 공론화할 수 있을까? 라는 의심과 일이 감당할 수 없는 크기로 번지는 것에 대해 두려움이 일었던 것도 잠시, 내가 틀린 것이 아니라고 말하는 주변의 사람들 덕에 용기를 얻었다.

만반의 준비를 하고 있는데 플랫폼 업체 측에서 전화가 왔다. 자신을 운영정책 매니저라고 소개한 그는 내게 '사죄의 말씀을 전한다'라는 말을 시작으로 이런 내용을 빨리 전달받고 진작 제대로 처리했어야 했다며 거듭 사과했다. 보름이 넘는 기간 동안 장문으로 쓴 내 문의가 오가는 동안 한 차례도 상급자에게 전달되지 않았다는 것을 믿지는 않았다. 그저 공론화가 무섭긴 무서운 모양이구나 생각했다. 여태 그래왔던 것처럼 적당히 무시하고 버티면 알아서 나가떨어질 것이라고 여겼을지도 모른다. 그러나 나는 적어도 페미니즘에 있어서는 '적당히'를 모르는 사람이었다. 인권에는 적당함이 있을 수 없으니 말이다.

언젠가 독서 모임의 한 멤버는 직장 상사가 회식 때마다 여성들을 남직원 사이에 앉힌다거나, 여성에게 술을 따르라고 요구해서 힘들다고 말한 적이 있다. 계속 함께 일해야 할 사람들이라 불편한 내색을 보이는 게 어렵다는 것이 그의 고민이었다. 그때 나는 순간의 어려움 때문에 불편함을 그냥 넘어간다면, 앞으로 계속 그런 상황이 이어질 거라고 했다. 또 그런 사람들은 무엇이 잘못된 건지 모를 수 있으니 반드시 짚고 넘어가야 한다고 말했다. 나야 어디서나 스스럼없이 의견을 말하는 사람이라 가능한 이야기다. 하지만 나도 처음은 있었고, 그 처음이 있기까지 참고 견디는 혼자만의 전쟁을 오랫동안 치렀다. 하지만 불편한 감정을 느꼈을 때 불편하다고 말하는 순간부터 나는 난처한 상황에서 벗어날 수 있었다. 처음엔 어떤 말로 나를 불편하게 하는 사람이 있다면, 내 의견을 분명히 말해 오히려 상대를 불편하게 만들자는 심산이었다. 그리고 나니 놀랍게도 남성들은 내 앞에서 말조심하며 사용할 단어를 고르고 이미 뱉은 말을 정정하는 신중함을 보였다. 그 지난한 싸움에서 예민한 사람으로, 별난 사람으로 낙인찍힐 수도 있다. 그래도 내가 더는 불쾌한 감정에 휩싸이지 않으려면, 후배 여성들이 '나'와 같은 상황을 겪지 않게 하려면 불가피한 선택이다. 무엇보다 여성혐오나 성폭력인지 모르고 떠들어대는 사람들에게 그건 부끄러운 일이라는 걸 알려주기 위해, 그리고 페미니스트가 그들의 상상처럼 멧돼지의 탈을 쓰거나 쿵쾅대기만 하는 사람이 아니라는 걸 알려주기 위해 그렇다. 그래서 우리에겐 아닌 건 아니라고 말할 용기가 필요하다. 아닌 건 아니라고 말한 용기 덕에 거대한 플랫폼을 상대로 한 투쟁에서 승리한 나의 일화처럼, 더디더라도 이건 언제나 이기는 게임이다.

만들어진
범죄자

매주 주말마다 집회가 있었다. 주말이면 새벽 기차를 타고 서울로 가 집회에 참석했다. 그날은 아침부터 비가 내렸는데도 전보다 더 많은 사람이 모였다. 그만큼 경찰도 많았다. 우비를 입고 축축한 땅에 앉아 노래를 부르고 함성을 질렀다. 집회의 과정은 익숙했지만 결과는 처참했다. 차 벽 위에서 쏟아지는 물대포를 막으려 펼친 우산은 금세 부서졌다. 형체를 알아볼 수 없게 망가진 우산을 보고 알았어야 했다. 저 물대포가 사람을 죽일 수도 있다는 걸. 경찰이 쏜 물대포에 온몸이 젖었고, 최루액을 뒤집어쓴 탓에 얼굴은 눈물, 콧물, 침으로 범벅됐다. 생수로 대강 얼굴을 씻어내는데 곳곳에 눈도 뜨지 못 하고 괴로워하는 사람들이 보였다. 그들 손에는 생수병이나 찌그러진 우산, 물에 젖어 너덜너덜 해진 피켓이 들려있거나 아무것도 들려있지 않았다.

아비규환이 이런 걸까 싶었다. 그때 어딘가에서 사람이 쓰러졌다는 소리가 들렸다. 경찰은 적을 죽이는 게임이라도 하는 것처럼 의식도 없어 보이는 남자에게 계속 물대포를 쏴댔다. 쓰러진 남자를 들것에 싣는 의료진과 앰뷸런스도 물대포를 피할 수 없었다. 그걸 본 사람들이 악에 받쳐 소리를 질러댔지만 물대포 소리에 묻힐 뿐이었다. 경찰의 역할이 국민을 보호하는 것이라지만, 집회 현장에서만큼 우리는 국민이 아닌 것 같았다. 그게 아니라면 경찰에 의해 쓰러지고, 다치는 사람들이 그렇게 많을 수 없었다. 뛰어넘을 수도 그렇다고 부술 수도 없는 경찰차 벽을 본 것이 처음은 아니었지만, 그날따라 왠지 앞으로도 지금처럼 아무것도 할 수 없을 것이라는 무력감을 느꼈다. 그간의 상황이 그랬다. 나이 많은 노동자들의 급여를 떼어 청년 실업을 해결하겠다는 임금피크제도, 제주도에 슬그머니 들어온 영리병원도. 아무리 반대해도 정부의 답은 정해져 있었고, 세상은 조금씩 발전한다고 믿었던 마음은 점점 사그라들고 있었다.

위안부 피해 생존자와 함께 섰던 대학생들이 연행되고, 노동조합을 만들었다는 이유로 해고된 사람들은 천막으로 굴뚝 위로 갔다. 우리의 자리가 어디까지 추락할지 가늠되지 않았다. 그래도 희망은 아직 남아있다고 여기는 사람들과 한여름 뜨거운 아스팔트 위에 주저앉아 노래를 부르고, 핸드폰이 저절로 꺼질 만큼 추운 겨울엔 언 입으로 거리에서 구호를 외쳤다. 그날 평소와 달랐던 게 있다면 바다 곳곳에 웅덩이를 만들 만큼 과도하게 뿌려진 최루액과 사람을 쓰러트렸던 물대포였다. 최루액과 물대포를 뒤집어쓰고 엉엉 울며 차 벽을 노려봤던 그날의 기억이 아득하게 느껴질 때쯤, 앰뷸런스에 실려 간 남성이 사망했다는 소식을 들었다.

모르는 번호로 걸려온 전화를 받는 게 꺼려지는 건, 그 시기 경찰의 전화를 받았던 후유증일 테다. 경찰은 내가 집회에 참석한 것을 이유로 경찰 조사를 받으러 오라고 했고, 며칠 후 집으로 출석 통지서를 보내왔다. 참석한 사람이 족히 십만 명이 넘은 집회에 나를 콕 집어 연락한 것이 놀라웠는데 어떻게 나를 찾은 건지는 경찰 조사를 시작했을 때 알게 됐다. 경찰은 내가 집회 날 올린 SNS 게시물을 인쇄해 보여줬다. 전체 공개로 설정한 게시글이긴 했어도, 셀 수 없이 많은 SNS 사용자 중에서 귀신같이 내 계정을 찾아낸 경찰의 정보력과 집요함에 감탄할 수밖에 없었다. 잡지 못한 건지, 잡지 않은 건지 알 수는 없지만 그토록 촘촘한 경찰의 수사력에도 건재한 권력자들이 어째서인지 자꾸만 떠올랐다.

　나를 조사한 형사는 사람을 상대하는 데 베테랑이었다. 그는 나를 구슬리고 때로는 압박하며 원하는 답을 얻으려 했다. 어떤 이름들을 나열하며 아는 사람이 있는지, 그들이 무얼 하는 사람인지, 누가 시켜서 집회에 참석했는지 등등을 다른 방식으로 여러 차례 물었다. 그건 대부분 내가 모르는 것이었다. 나는 대학을 갓 졸업한 새내기 활동가여서 아는 것이 별로 없었다. 무엇보다 '불법'이라는 단어를 사용하며 나를 범죄자 취급하는 그의 태도에 아무런 말도 하고 싶지 않았다. 정확히는 그들에게 정보가 될 만한 어떤 것도 알려주고 싶지 않았다. 벽에 붙은 집회 참석자 관련 내용이 적힌 종이를, 그래서 한 사람도 놓치지 않고 잡으려 혈안인 주변 형사들의 통화 내용을 모두 보고 들은 탓이었다. 내가 모르는 걸 모른다고 대답해도 형사는 믿지 않는 눈치였다. 그저 '그런 식으로 계속해보라'거나 '자꾸 그러면 불리하게 될 줄 알라'고 말할 뿐이었다. 비아냥대는 형사와 마주 앉은 그 시간 동안 나는 모르는 것도 알아야 하는 사람이어야 했다.

　　몇 달 뒤엔 검찰로 불려갔다. 나를 '초범'이라 말하며 형사가 불기소 의견으로 송치한 사건을 검찰이 그냥 넘기지 않았기 때문이었다. 검찰청에 도착하자마자 담당 수사관의 조사를 받았는데 새로울 것 없는 내용이었다. 형사가 물었던 걸 미리 알려주기라도 한 듯 수사관은 형사와 거의 같은 질문을 했다. 수사관의 비쩍 마른 외모에 내심 긴장했지만 형사와는 달리 줄곧 어르고 달래는 어투였다. 그렇다고 마음이 편한 건 아니었다. 조사를 받는다는 것 자체가 고통이었다. 내가 입을 떼면 맞은편에 앉은 남자들이 키보드를 두드렸기에 내 말 한마디가 어떤 나비효과를 불러올까 봐 두려웠다. 집회 신고가 된 곳에 모여 걸었고, 물대포와 최루액을 뒤집어쓴 내가 피의자가 되어 이리저리로 불려다니는 것도 괴로웠다. 모든 조사는 내게 혐의가 있는지 없는지를 따지는 것이 아니라 내 형량을 어떻게 할지 정하기 위한 과정이었다.

한 시간가량의 조사를 마치고 잠깐 숨을 돌린 후 검사와 대면 조사를 했다. 검사는 내가 수사관에게 조사받는 동안 옆자리에 앉아 일했기 때문에 처음에는 그가 검사인 줄도 몰랐다. 검사는 형사나 수사관처럼 집회에 대해서는 전혀 묻지 않았다. 다만 내가 전태일 평전을 읽었는지, 자본론을 읽었는지, 언제부터 이 일에 관심갖게 됐는지 얼핏 사적인 질문처럼 느껴질 만한 것들을 물었다. 별다른 추궁도 하지 않고 가끔 웃기도 하면서 싱거운 말만 늘어놓았다. 그는 대수롭지 않은 일을 하는 사람처럼 굴었다. 그래서 무죄까지는 아니더라도 기소유예 정도의 비교적 가벼운 처분을 받겠거니 생각했다. 그래서 들어갈 때와는 달리 홀가분한 마음으로 검찰청에서 나올 수 있었다. 순진했다. 얼마 뒤 받은 약식 명령서에는 벌금 200만 원을 납부하라는 글자가 선명히 적혀 있었다. 그렇게 나는 범죄자가 되었다.

억울한 마음은 없었다. 단지 무서웠다. 정치범이나 사상범이라고 불리는 범죄자는 이렇게 만들어지는구나 생각했다. 과거 독재 정부 시절의 이야기가 아니었다. 정권의 입맛에 따라 움직이는 공권력의 칼끝은 꽤 자주 시민을 향해 있었다. 사설 용역을 자처한 경찰은 집회하는 노동자들을 다치게 하고, 참사로 가족을 잃은 사람들의 손에 수갑을 채웠다. 검찰과 법원은 경찰에게 넘겨받은 '피의자'들을 줄줄이 감옥으로 보냈다. 공공의 안녕을 위해 일한다는 사람들은 살고 싶다는 시민을 때리거나 죽이고 가두는 일을 했다. 노동조합에 몸담았던 기간 동안 내가 본 공권력은 그런 것이었다. 언제고 활활 타오르기만 할 것 같던 희망은 재만 남았다.

  검사 출신 대통령이 당선됐을 때 나는 그의 재임 동안 얼마나 많은 범죄자가 만들어질지 염려했다. 내 걱정은 기우가 아니었다. 그리고 이제는 완전히 검사의 시대가 됐다. 정치를 해야 할 대통령은 늘 '법대로 하라'는 주문만 할 뿐이다. 그 말을 들을 때면 법이 무엇인지 또 그가 말하는 법은 무엇인지 생각한다. 검사를 안 했으면 무슨 말을 할 수 있었을까 싶을 만큼 무지하고 무능력한 대통령을 보고 있으면 웃음이 나오기도 하지만 분통이 터질 때가 많다. 곤두박질치는 지지율에도 노동시간을 살인적으로 늘리겠다고 선언하고, 전범국에 면죄부를 주는 굴욕 외교를 하고서도 그럴싸한 포장지를 씌우고, 낡은 국가보안법으로 혐의를 씌워 활동가들을 줄줄이 구속한 것이 그랬다. 이런 뉴스를 볼 때마다 대통령이 시민을 시민으로 보고 있기는 한 건지, 시민을 신민으로 보는 건 아닌지 헷갈린다. 대통령이 목 놓아 외치는 법이 무엇인지는 아직 모르겠다. 그러나 적어도 우리가 알고 있는 법은 국가의 주인이 누구인지 말한다. 그리고 그 사실을 우리도 안다. 이 나라를 자신의 왕국으로 만들려는 대통령을 멈추게 할 순간이 지금일지도 모른다는 생각으로 매일을 산다. 별것 아닌 하나의 몸짓이 여럿 모였을 때 새로운 역사를 만들어낸 기록이 아직 생생하기 때문이다.

해일 앞에
조개를 줍는 것은
너희다

"형님, 왕년에 제 앞에서 여자들이 질질 쌌습니다."

인생의 반 이상을 노동운동가로 살아온 남성의 입에서 나온 말이다. 그는 언제나 조합원들 앞에서 자본이 노동자를 어떻게 착취하는지, 노동자가 왜 하나로 뭉쳐야 하는지를 설명했다. 이성적이고 강단 있게 행동하면서도 적절한 때에는 감성에 호소하던 그는 베테랑 활동가였다. 나를 포함한 많은 사람이 그에게 매료된 것은 어쩌면 당연한 일이었다. 누구나 칭송해 마지않는 훌륭한 활동가에게 여성은 꽤 자주 성적 대상이 되었다. 그리고 그것은 그에게 단순한 '농담'이었다.

그가 하는 말이 어떤 의도인지 파악하는 데 오랜 시간이 걸렸다. 나를 대하는 그의 태도는 언제나 진중하고 근엄했다. 이를테면 자신이 '형님'이라고 부르는 사람들 앞에서는 생글생글 웃다가도 나만 보면 건조한 얼굴로 돌변했다. 마치 가면을 교체하는 사람처럼 보이기도 했다. 그 무렵 나는 배울 것이 태산인, 그러니까 이제 막 노동조합 활동을 시작한 때였고, 그의 태도는 내가 이도 저도 아닌 무늬만 활동가인 탓이라고 생각했다. 그는 항상 나를 교정하려 했고 나는 그의 지적을 받아들였다. 그런 관계가 지속되자 언제부턴가 나는 그 앞에서 사소한 말과 행동도 검열하며 그의 눈치를 보게 됐다.

'동지'의 사전적 의미는 뜻을 함께하는 사람이다. 어린 사람이 자신보다 나이 많은 사람에게 '~씨'라는 호칭을 사용하는 것이 부적절하다는 사회 통념은 노동조합에서도 유효했다. '동지'는 나이가 많거나 활동 경력이 오래된 사람들이 젊은 활동가를 지칭할 때 주로 사용됐다. 이름과 직책을 모르는 나이 많은 사람을 만날 때면 어떻게 호칭해야 하는지 고민하던 나와는 달리 남성들은 적지 않은 나이 차에도 서로를 형님, 동생이라 불렀고 그것은 흡사 가족처럼 보이기도 했다. 그들이 구축한 남성연대는 너무나 공고해서 여성인 데다 갓 대학을 졸업한 내가 낄 틈이 없었다. 한 남성 활동가가 처음 본 나를 '아가씨'라고 불렀을 때 나는 여기에 아가씨는 없다고, 이름을 모르면 직책을 부르라고 말했다. 내 말에 당황하는 그의 표정과 그 광경이 재미있는지 킥킥대는 주변 남성들은 나를 동지도, 활동가도 아닌 그저 '어린 여자'로 보는 듯했다. 그들은 나를 동지라고 불렀지만 나를 대하는 그들의 태도에서 그것의 본래의 의미는 사라진, 그저 호칭에 불과하다는 걸 알 수 있었다. 나는 그제야 내 위치를 알게 됐다.

직장 내 성폭력 문제 뉴스와 그것을 풍자하는 코미디를 볼 때면, 술자리에서 술을 따르라거나 옆에 앉으라거나 나를 노골적으로 성적 대상화하지 않는 기성 활동가들에게 감사한 마음마저 들었다. 단지 가끔 거나하게 술에 취할 때면 난데없이 아줌마나 아가씨를 불러서 노래방에 가자는 그들의 대화가 내가 있는 자리에서도 오갈 뿐이었다. 그 말들은 매번 투명 인간이 된 나를 뚫고 지나갔다.

　언젠가 회식 후 귀가하려는 내게 한 남성 활동가
는 같은 방향이니 같이 택시를 타자며 내 옆에 섰다.
일행 중 누구도 취한 듯 보이는 그를 말리지 않았고,
나는 결국 그와 택시를 탈 수밖에 없었다. 그는 택시
안에서 갑자기 내 손을 주물럭대며 내게 무어라 말했
다. 그는 계속 마주칠 사람이었고, 분명한 거절 의사를
하기에는 내가 너무나 무력했다. 택시에서 내린 직후
부터 당시의 불쾌한 감정만 남았을 뿐 어째서인지 그
의 말은 전혀 기억나지 않는다. 나는 그날 불 꺼진 집
에서 택시 안의 상황을 곱씹다 울어버렸고, 이튿날 그
는 아무 일도 없었다는 듯 나를 대했다. 나는 그날 이
후 그와 되도록 말도 섞지 않으며 극도로 경계했다. 그
래야만 뒤탈이 없을 것 같았다. 시간이 지나 그 일을
회상하면서 왜 그런 일이 벌어졌는지를 생각했다. 몇
몇 사람들은 나보다 20살 이상 많은 그를 나와 섹슈얼
한 관계로 몰아가는 분위기를 만들곤 했는데, 그때마
다 어떻게 반응해야 할지 몰라 잠자코 있었다. 내가 그
렇게 반응한 탓일까. 술에 취한 그의 탓일까. 그것도

아니라면 옆에만 있어도 둘이 뭐냐며 눈을 게슴츠레 뜨고 희희낙락했던 다른 남성들의 탓일까. 결국 '택시를 같이 타지 말았어야 했다'며 내 탓으로 결론지으며 그 일을 기억에서 지우려고 애썼다.

4년 동안 활동가로 지내던 중 이따금 남성 활동가를 둘러싼 불미스러운 소문이 들려왔다. 내가 알던 그 사람이 맞나 싶을 만큼 심각한 수위의 범죄 사실을 들으며 혼란스러웠다. 다시는 재기하지 못할 것이라는 예상과 달리 논란의 남성 활동가들은 속속들이 복귀했다. 남성 연예인들이 성을 매수하거나 음주 운전으로 사람을 다치게 해도 무탈하게 복귀하는 것처럼 말이다. 남성 활동가는 개인사가 부도덕하거나 성폭력 사건에 연루되어 있더라도 언제나 자리가 마련되어 있었다. 노동조합에서는 남성 활동가에게 어떤 잘못이 있어도 큰 문제가 되지 않았다. 이 같은 상황이 반복되자 '나도 남자였다면 이랬을까'라는 생각은 어느새 '내가 남자였으면 좋겠다'로 바뀌었다. 여성으로 살면서 줄곧 겪은 설움을 진보적 가치를 최우선으로 여기는 노동조합에서 더 크게 느끼게 될 줄 몰랐다.

노동조합 활동가로 몇 해를 일하면서 어느 정도 '짬'이 찼어도 상황은 크게 달라지지 않았다. 장소를 불문하고 남성들이 주고받는 농담과 키득대는 웃음소리에 나는 자주 알 수 없는 감정에 휩싸였다. 종종 여성 활동가들도 그에 동조하거나 주도적으로 '농담'을 했고, 의아함과 불편함 사이를 오가던 감정은 나를 흔들기 시작했다. 무엇보다 주요 발화자가 노동운동계에서 내로라하는 사람들이라는 것과 농담을 빙자한 모욕적 언사가 그들의 일상이라는 것이 참담했다. 순진하게도 나는 모든 활동가가 자신의 신념과 일치한 삶을 사는 줄로만 알았기 때문에 단편적인 모습만 보고 속단하는 것일 수도 있다고 생각했다. 지역과 성별, 나이를 불문한 기성 활동가의 '농담' 때문에 수치감을 느낄 때마다 못 들은 척, 못 알아듣는 척, 못 본 척하며 상황을 모면하느라 바빴다. 그러나 눈과 귀를 막는다고 명백한 여성혐오를 부정하기란 어려웠다. 남성연대를 비롯한 권위주의가 노동조합 안에서 건재하는 것과 사회의 모든 조직을 통틀어 가장 가부장적인 곳이 어쩌면 노동조합일지도 모른다는 것을 아주 나중에야 알았다. 위선적이고도 기만적인 모습을 여러 사람에게 발견하면서 나는 노동조합을 뛰쳐나왔다.

이후 또래 여성 활동가들과 소통하며 크고 작은 성폭력 문제가 노동조합에 만연하다는 것을 확인했고, 어렴풋이 짐작했던 그것이 구조적 문제라는 걸 알게 됐다. 폐쇄적이고 권위적인 노조에서는 '어리고' '미숙한' '여성'은 대개 필요 없는 존재로 치부됐고, 어떠한 모욕도 받아내는 '탱커' 역할을 했다. 그러다 탱커가 각성하거나 견디지 못할 지경에 이르면 튕겨 나가듯 스스로 조직을 떠났고, 노동조합의 '가족 공동체'는 계속 유지됐다. 스트레스로 출근 준비 중 자주 쓰러져 병가를 쓰던 내게 "보기보다 몸이 약하네"라고 말했던 남성 활동가, 애인과 찍은 사진을 보고 "이렇게 잘생긴 사람이 왜 너랑 연애하니? 붙잡아서 결혼해라"라고 말하던 여성 활동가, 아토피 때문에 목에 생긴 상처를 두고 "키스 마크냐?"라고 묻던 남성 활동가. 그들 모두가 노동조합의 주축이자 '가족 공동체'의 구성원이었다.

내가 보고 들었던 모든 것을 기록하지 못하지만, 꽤 많은 것을 구체적으로 기억한다. 노동조합에서 권력을 나눠 가진 사람들이 나를 겨냥했던 말들은 여전히 내 안에 남아있고, 아직도 그때를 떠올리면 여러 감정이 교차하며 눈물이 울컥 쏟아진다. 그러나 시간을 되돌린다고 해도 나는 어떠한 것도 할 수 없을 것이다. 그때 나는 인정받기 위해 몸부림치며 권력자들 앞에서 납작 엎드려 순응하는 존재였으므로, 그래야만 내가 애정하는 활동을 계속할 수 있었으므로.

나의 모든 것을 제약했던 노조에서 벗어나자 믿을 수 없는 속도로 몸과 마음이 회복됐다. 휴식기 동안 노동계 안에서 외면받았던 페미니즘을 더욱 적극적으로 공부하면서, 기성 활동가들이 내게 강요했던 '활동가다움'과 '제대로 된 활동'을 생각했다. 곱씹을수록 우스웠다. 노동자의 인간다운 삶을 말하면서 여성을 희롱하고 품평하던 그들이 강조한 '활동가다움'은 과연 무엇일까? 그리고 누구도 내 활동을 잘못되었다고 단정 짓거나 규정할 권리가 없다는 것을 깨달았다. 마침내 나를 짓누르던 억압에서 벗어난 순간이었다.

마법에서 풀려난 것처럼 내 마음이 시키는 대로,

내가 하고 싶은 것들을 했다. 노동조합에서 나올 때 "활동은 계속할 테지만 그 공간이 이곳은 아닐 겁니다."라고 했던 내 말이 어느 정도 지켜지는 듯했다. 내가 만든 지역 여성 커뮤니티에 모인 사람들과 젠더 이슈는 물론 사회, 경제, 역사 등 다양한 분야를 심도 있게 공부하며 내 활동의 길을 개척했다. 기성 활동가 누구에게도 인정받지 못한 내가 아무도 알려주지 않은 일을 했고, 보란 듯이 내 방식의 활동을 이어갔다. 먹고사는 문제로 어려움이 있을 때마다 관성적으로 일하는 생계형 활동가들을 생각하면서 절대 그들처럼 살지 않겠다는 약속을 되새겼다. 그렇게 수년의 시간이 흐른 지금, 나를 폄하하고 비난했던 활동가들에게 묻고 싶다. 자, 이제는 내가 당신들이 말하는 '활동가다움'에 얼마만큼 부합하나요?

유시민은 2002년 발생한 당내 성폭력 사건에 대응하는 여성들을 향해 '해일이 몰려오는데 조개를 줍고 있다'라는 말을 했다. 자신이 한 말이 자꾸만 언급되자 부적절한 표현이었다는 것을 인정하고 사과했지만, 이미 많은 여성이 상처받은 후였다. 가만히 생각해 보면 페미니즘이 아니더라도 여성이 하는 일은 항상 사소하고 하찮은 것으로 가치 절하되었고, 이를 증명하듯 유시민은 여성의 일을 '조개 줍는 것'이라 말했다. 그러나 여성들에게 조개를 줍는 일은 존엄의 문제였고, 여성에게 해일은 언제나 다름 아닌 우리 내부에서 권력을 지닌 자들이었다. 정치권의 성폭력 문제는 노조 안의 그것과 시작부터 마무리까지 모양새가 참으로 닮았다. 성폭력 사건을 비롯한 젠더 문제는 대의를 위해 덮어야 하는 작은 일이 돼버린다. 일베의 사회화 시대, 각종 혐오가 팽배한 오늘 노동운동이 가야 할 길이 무엇인지 절실한 성찰이 필요하다.

돌아보건대 나는 늘 거대한 해일 앞에 있었고, 그때마다 조개를 줍고 있었다. 여성이 부차적 존재로 취급받는 한 나는 앞으로도 거대한 해일을 마주하며 조개를 줍겠다. 아니 사실 해일은 여성이고 조개를 줍는 것은 남성일지도 모른다. 없던 길을 만들며 나아가는 여성들이 거대한 해일의 모습을 하고 있으니 말이다.

서울 밖에도 사람이 산다

초판 1쇄 인쇄 2023년 10월 20일
초판 1쇄 발행 2023년 10월 27일

지은이	히니
기획편집	이도영
디자인	(본문) 이재희 (표지) 육일구디자인
인쇄·제본	예림인쇄
지업사	올댓페이퍼

펴낸이	이도영
펴낸곳	이르비치
등록	2022년 1월 5일(제2022-000006호)
주소	경기도 파주시 회동길 145 아시아출판문화정보센터 전시정보동 202호
전화	(010) 5904 1674
팩스	(031) 8056 9393
이메일	shinepub@naver.com
인스타그램	shinepub_dy

ISBN	979-11-982538-2-8(03330)
	979-11-982538-3-5(05330) 전자책